実話異聞
貰い火怪談

松本エムザ

竹書房怪談文庫

目次

※本書に登場する人物名は、様々な事情を考慮してすべて仮名にしてあります。また、作中に登場する体験者の記憶と体験当時の世相を鑑み、極力当時の様相を再現するよう心がけています。現代においては若干耳慣れない言葉・表記が登場する場合がありますが、これらは差別・侮蔑を意図する考えに基づくものではありません。

実話異聞

貰い火怪談

松本エムザ

墓場で遊んじゃいけません

近年でこそ、紫外線による日焼け対策は、子どもから大人まで憂慮すべき問題であるが、昭和の時代には、夏休みともなれば子どもたちは皆、真っ黒に日焼けをして毎日遊び回っていたものだ。

熊谷さんが少年時代に通っていた小学校では、休み明けに「誰が一番、日に焼けたか」と、肌の黒さをクラスで競い合うほどだった。優勝者は担任から、流行の文房具などの景品が貰えるという特典まであり、毎年非常に盛り上がるイベントであった。

しかし、ある年の夏は少々様子が違っていた。

その年は日照時間が少ないいわゆる「冷夏」で、ほとんどの生徒が生白い肌のまま始業式を迎えた。しかしその中で、マサト君だけは驚くほど真っ黒に日焼けをしていて、俄然生徒たちの注目の的となった。

「どこで焼いたの？」

「もしかして海外？」

「いいないいな。ハワイ？　グアム？」

昭和五十年代。家族で海外旅行だなんて、まだまだ裕福な家庭のみに限られていた時代である。

教室が大いに沸き返る中、マサト君は何故か浮かない顔で「親戚の家に、ちょっと行っただけだよ」と答えた。海でもない、山でもない、地方都市にある単なる民家だという。元来さほど活発でもなく色白だった彼が、どうやったらそんな場所で、短期間にそこまで日焼けができたのか興味があったが、マサト君は多くを語ろうとしない。日焼け大会の優勝もダントツで勝ち取ったのに、全く嬉しそうではない。

奇妙なことに、マサト君の肌は日を追うごとに益々色が濃くなっていった。それはもはや夏休みの勲章などではなく、病的なほどの土気色に変わってしまっており、当初はうらやましがっていたクラスメイトも、心配したり気味悪がるようになったりした。

その後、マサト君は「体調を崩した」という理由でしばらく学校を休んだ。

一週間ほどして登校してきた際、マサト君はすっかり以前の色白な少年に戻っていた。

わずか一週間で、あそこまで日焼けした肌が治まるものなのかと、みんな不思議に思ったが、熊谷少年は三歳上の姉からこんな話を聞かされていた。

熊谷少年の姉とマサト君の兄は同級生で、やはり兄の方も夏休み明けに、真っ黒に日焼けして現れたのだという。そしてマサト君同様、彼の肌も日増しにどす黒い異様な肌色に変わっていき、更には白目の部分や、涙や汗の色までもが黒ずみはじめ、その治療のために学校をずっと休んでいるのだと。

「親戚の家の近くのお墓で、兄弟で肝試しをして遊んで、ひどい悪戯《いたずら》をしたらしいよ。罰が当たったんだって噂だよ」

上級生たちから聞いた話によると、実際にはマサト君兄弟は休学中に、病院で治療を受けていたのではなく、親戚の知り合いの祈祷師だという人物に、時間をかけてお祓いをしてもらっていたらしい。

お兄さんが元通りになって、再び元気に学校に姿を見せたのは、弟に遅れること数か月、既に季節の変わった秋の終わりであったという。

いったい墓場でふたりはどんな悪戯をしたのか。

お供え物を食べたのか？

墓石に落書きでもしたのか？

それとも――

誰もが真相を知りたくて尋ねたけれど、ふたりは頑としてその件に関しては口を閉ざし、次の春には遠方へと引っ越してしまったそうである。

おとりかえ

就職をきっかけに上京して以来、史穂さんは一度も里帰りをしたことがなかった。

二十年ぶりに実家へ戻ったのは、病魔に倒れ他界した、実母の葬儀のためであった。

さほど悲しみは感じなかった。母からは虐待とまでは言わないが、幼少の頃から愛情を注がれた記憶がほとんどなく、最低限の世話以外はほぼ無視されて育ってきたからだ。

葬儀は、史穂さんの妹さんが中心となって取り仕切った。史穂さんと違って母親から大事にされて育った妹さんは、病に倒れた母親を最期まで懸命に看病し、面倒を見てくれた。

母親の死後しばらくして、史穂さんは妹さんから、生前母親が告白した、史穂さんへの冷遇の理由を聞かされた。

史穂さんには三歳上のお姉さんがいたが、彼女はわずか六歳で病気で亡くなっている。

物心が付くか付かないかの年齢だった史穂さんに、お姉さんに関しての思い出はぼんやりとが残っていない。

はじめての子ということもあり、両親はお姉さんを蝶よ花よと徹底して甘やかして育てたという。

「ペットが飼いたい」

お姉さんがそう言い出した際にも、両親は請われるままに買い与えた。金魚、グッピー、ミドリガメにハムスター。しかし、自分で世話をすると約束しながらも、すぐに飽きて適当に扱うものだから、小動物はあっけなく次々とその小さな命を落としてしまう。

ペットが死んだと分かれば、お姉さんは火が付いたように癇癪を起こし、手が付けられなくなるものだから、お母さんは似たような個体を買って、こっそりと取り替えておくという手段を使うようになった。死骸は庭の花壇に深く埋められ、ペットの死を無いものにしていたのだ。

そんな折、お姉さんは風邪をこじらせ、肺炎であっけなく逝ってしまった。

死を迎える直前、高熱でうなされる病床の娘の手を握り、泣き続ける母親に向かって、幼かった史穂さんがぽつりと呟いた。

「ねぇねも、とりかえる?」

と――。

そのときの史穂さんの、すべてを見透かしたような目が、あまりにも怖くて――。

以来、どうしても以前と同じように史穂さんに接することができなくなり、いけないとは思いながらも、距離を置いてしまったのだと、母親は妹さんに伝えたのだという。

「可哀想なことをしてしまった。後悔している」

そんな言葉を聞かされたからといって、今さら史穂さんの母親への感情は変わることはなかった。それよりも気になったのは、史穂さんには「とりかえる?」などと言った覚えも、お姉さんが何種類ものペットを飼っていたという記憶すらも、まるでなかったことである。

妹さんは言う。

「お母さんが私を過保護に育てたのは、死んだお姉ちゃんの生まれ変わりだと、思い込んでいたからかもしれないね」

事実、お姉さんが亡くなってすぐに、母親が妹さんとなる赤ちゃんを身ごもっていることが判明した。

果たして、母親の言う「あまりにも怖い」史穂さんの目とは、いったいどんな目であったのか――。

史穂さんのお宅では、お姉さんが亡くなって以来、ペット厳禁だったそうである。

祭りの夜

彰吾君は小学校四年生に上がる際、北関東の山沿いの集落に建つ学校へ転校した。

スキーでオリンピックに出場するのが夢だった三歳上の兄が、強豪スキー部のある中学に入学するために、母親と兄弟の三人で都心部から移住したのだ。いわゆる「国内スポーツ留学」である。

彰吾君が通うことになった小学校は、全校生徒が百人にも満たない小さな学校で、同級生はわずか十二人。男子生徒は彰吾君を含めて五人しかいなかったが、「一緒に遊べる友だちが増えた」とクラスメイトから大歓迎を受け、すぐさまクラスに打ち解けることができた。

仲の良かった友だちと離れ、見知らぬ土地で新生活を送ることに不安を抱いていた彰吾君にとって、それは大きな救いとなった。

「近所の神社で、お祭りがあるんだよ」

五月のはじめ、クラスメイトの男子に誘われた。通学路の途中、木立の中の石段を上った先にあるという小さな神社。週末にその神社で、小規模ながらも夜店も並ぶお祭りが開かれるのだという。

「小遣いを持って、みんなで行こうぜ」

子どもだけで夜に出掛けることがはじめてだった彰吾君は、週末を心待ちにした。

丁度その日は、東京で働く父親が母子が住む借家に泊まりに来る日であった。家族で「この土地ならではの美味しいものを食べよう」と、既に店を予約してしまっていたので、彰吾君はあとから現地で皆と落ち合う約束をした。

帰宅してすぐに、財布を握って神社を目指した。

毎日通学の途中に横目で見ていた石段を、はじめて上る。陽も傾き、辺りはそろそろ暗くなりだしてはいたが、石段の先には友だちがいて、お祭りで賑わっていると思えば怖くはなかった。

しかし――

石段を上り切った先に見える鳥居の向こうは、シンと静まり返っていた。露店どころか人っ子ひとりいない。辺りを照らす明かりもなく、薄暗い闇が広がり、奥の社殿の影が更に黒く浮かんで見えるだけだった。

ひとりで鳥居をくぐり、境内の様子を探りに行く勇気は出ずに、肩を落として自宅へと戻った。

「新しくできた友だちと、お祭りに行ってくる」

そう言って意気揚々と出掛けた息子が、べそをかいてすぐに帰ってきたのを心配した父親が、

「もう一度、お父さんと行ってみよう」

と付き添ってくれて、一緒に境内の奥まで回ってみたが、やはり人の気配はない。

「本当にこの神社なのか？　どこか違うところと間違っていないか？」

慣れない土地である。思い違いをしているのではと、父親は問うた。

「だって毎日学校に行くとき通っているんだよ？　間違うわけないじゃん」

クラスメイトに嘘をつかれたのだろうか。

歓迎してくれたのは、お芝居だったのだろうか。

彰吾君は落ち込んだまま、その週末を過ごすこととなった。

そして月曜日の朝を迎え、登校班の集合場所へ行くと、

「おはよう！　土曜日、なんでお祭り来なかったんだよ。忙しかった？」

一緒に行く約束をしていた友だちが、ごく自然に何ごともなかったように接してきた。

「……お祭り、やっていなかったよ」

一昨夜の出来事を話すと、友だちも、

「場所、間違えたの？　この辺、神社とかお堂とかいっぱいあるから」

父親と同じことを言う。

「間違えていないよ。だって、ここだよね」

「うん。ここだよ」

通学路の途中、週末の夜に二回も上った石段を指さす。

学校に着くと、登校班の違うクラスメイトに囲まれた。

「お祭り、来れなくて残念だったな」

「おそろいの水鉄砲、おまえの分も買っておいたから、放課後遊ぼうぜ」

次々と声を掛けてくれる友人たちを、嘘をつかれただなんて少しでも疑ったことを彰吾君は恥じた。

更に、一番気の合っていた友だちが奇妙な発言をした。

「俺、水鉄砲届けようと、帰りにおまえの家寄ったんだけど、明かりがついていなかったんだよな。車もなかったし。帰ってくんの、遅かったのか?」

彼が告げたその時間は、家族全員帰宅していた。もちろん車もあったはずだ。母親と父親の車、二台とも。なのに何故?

——狐につままれる。

そのときの彰吾君の心境は、正にその頃覚えたばかりのことわざで表すのがふさわしかったという。


「次の年のその神社のお祭りには、普通に行けたんですよね。友だちが言っていたとおりに、夜店が出て地元の人たちも料理やお酒をふるまっていて、境内に吊るされた提灯《ちょうちん》には、僕たちが小学校の図工の時間に描いた絵が貼られていて」

実に地元愛に満ちた、お祭りだったそうだ。

「今になって思うと、あの頃引っ越したばかりだった僕は、あの土地の人間として氏神様に認められていなかったのかもしれませんね」

彰吾君が卒業するまでの三年間を過ごしたその土地は、古くから山岳信仰の拠点として開かれた聖地であり、数多くの神社仏閣が点在し、多くの観光客が今なお訪れている。

だいじな子

ご主人のリストラを理由に、祥子さんは一家で都心から山あいの義実家に身を寄せることになった。

過疎化が進んだその土地で、八歳になる息子さんが転入した小学校は、全校生徒が五十人にも満たない小規模校であった。当然保護者の数も少なかったため、全員が何かしらのPTA役員を担当しなければならなかった。

祥子さんも早々に、「どんぐりの会」なる催しの役員に任命された。山あいの町といえど都会の子と変わらずに、子どもたちはネットやゲームに熱中して、自然の中で遊ぶ機会が極端に減ってきていた。そのため、大人の指導のもとで思いきり森や林で遊べる場を提供しようと、学校と地元の自治会とが共同で開催する夏休みのイベントが「どんぐりの会」であった。

山のふもとの森の中で、自治会のご老人たちが手作りしてくれたブランコやターザンロープ、滑り台などで遊んだり、大人のアドバイスを受けながら、竹トンボや草花遊び、木登りや虫捕りなどを楽しむ。

当日は、二十名ほどの子どもたちが自治会の集会所に集まり、樹々に覆われた裏山の小道を、自治会長さんに誘導され徒歩で二十分ほど移動した。到着したのは、森の中に切り開かれた広場だった。そこで子どもたちは、祥子さんを含む役員の保護者と自治会のご老人たちが見守る中、最初はおっかなびっくり、そして次第に楽しそうに声を上げながら遊びはじめた。

祥子さんが異変に気が付いたのは、日が傾きだし、そろそろ「どんぐりの会」もお開きになるかの頃だった。

——あれ？　どこの子だろう？

森を駆け回る子どもの中に、見知らぬ顔が混じっていた。スポーツ刈りの、低学年くらいの男の子。兄弟だろうか？　それとも双子だろうか？　そっくりの顔がふたり。ふたりとも白いランニングシャツに、随分と丈の短い半ズボン姿という、昭和の時代のような出で立ちをしている。虫刺されや怪我の予防のために、子どもたちには長そで長ズボンの着用が言い渡されていた。なのにその子たちは、細い手足をむき出しにして、器用にするすると木に登り、嬉しそうに皆を見下ろしたりしている。

「ねぇ、ちゃんと上着を着なくちゃダメよ」

怪我でもされたら大ごとだと、祥子さんは樹上の彼らに声を掛けたが、ふたりは顔を見合わせてニコニコと笑うだけ。

「あの子たち、はじめて見る気がするんだけど、どちらのお子さんかな?」

顔見知りの大人に注意をしてもらおうと、他の役員の親御さんに尋ねてみるが、

「夏休みだからね、自治会の人たちが親戚の子とか連れてきていたりするんだよ」

と、彼らの姿を確認もせずに、あっさりと流されてしまった。

確かに、彼らの他にも見掛けない顔の子どもが数人いた。しかし、そんな子らにも地域の子どもたちは声を掛け合って、仲良く一緒に遊んでいるのに、スポーツ刈りの少年ふたりは誰とも交わらずに、遠巻きに周囲の様子をうかがいながら、はしゃぎ声を上げることもなく遊んでいる。

なんだか、不思議な印象の子どもたちだった。

なんというか、彼らがまとう空気だけが、他の子どもたちと明らかに違っていた。

「だいじ、だいじ」

いつの間にか背後にいた自治会長夫人が、そう言って祥子さんの肩を叩いた。

彼らは会長夫人の親戚か知り合いの「大事なお子さん」で、あまり口うるさく注意するなよという意味なのだろうかと判断した祥子さんは、お節介を焼いて面倒なことになっても厄介だと、その後の彼らの行動は、見て見ぬふりを決めた。

やがて、樹々の合間から覗く空が紅く色づきはじめ、イベントの終了時間となった。子どもたちの人数を確認しようと集合の号令を掛けたところ、半ズボンのふたりはそれには従わずに、森の奥深くへと分け入っていく。

さすがにそれは、見過ごすことはできなかった。迷子になられては大変だ。あとを追わなくてはと駆け出そうとした祥子さんを、今度は自治会長さんが引き留めた。

「だいじ、だいじ」

そう言って、会長は男の子たちの背に向けて何故か拝むように手を合わせる。そんな会長の様子に呆気に取られていると、ふたりの姿はあっという間に暗くなった森の闇の中に溶け込んで、見えなくなってしまった。

「え？　あの森で遊んだの？」

帰宅した祥子さんが、その日「どんぐりの会」であった出来事をご主人に伝えたところ、異様に驚かれた。

「あの森って、俺が子どもの頃は『神隠しがある』って噂があって、立ち入り禁止だったんだけどなぁ」

「嘘でしょ？　そんな場所で、毎年子どもを遊ばせているっておかしくない？」

顔色を変えた祥子さんを見て、

「いや、俺の記憶違いかもな」

慌てて否定するご主人の様子が、彼女の胸を更にざわつかせたという。

後に祥子さんは、「だいじ」というのがその土地の方言で「大丈夫」という意味だと知った。

なぜあの子どもたちが「大丈夫」だったのかは、結局田舎暮らしが合わず、一年経たずに家族で都会に舞い戻ってしまった祥子さんには、知る由もない。

自慢の庭

「いい土の踏み心地って分かります?」

不思議な体験談を聞かせてもらうはずが、何故か豊島氏は「土」の話をはじめた。

「空気を多く含んでいるからなのかな? ふっかふかなんですよ。歩くとね、違いが分かるんです。靴の裏の感触で」

豊島氏の実家の庭が、正にそのような状態の土だったのだそうだ。

「ウチの庭の土は、最高だから」

豊島氏の母親は、口癖のようにそう言っていた。金柑《きんかん》や百日紅《さるすべり》、椿《つばき》に榊《さかき》、たくさんの樹木を植え、季節の花や果実を楽しんでいた母親は、とにかく自宅の庭が自慢で大切にしていた。

数年前、父親に次いで母親も病で亡くなったのを機に、豊島氏は長く付き合っていた女性と籍を入れ、実家をリフォームしてそこで暮らすことを決めた。

当初、母親自慢の庭はそのままにしておいたのだが、生活していくうちに妻が不満を訴えるようになった。土がむき出しの庭は、雨のあとは地面がどろどろになって洗濯物もおちおち干せない。夏場は湿気も酷いし、雑草と虫にも悩まされている。

そこで思い切って、庭に手を入れることにした。樹木はすべて抜根し、全面に敷石を張り、ウッドデッキをこしらえ、見栄えもよく使い勝手の良い庭が完成した。

これで快適に家事ができると喜んでいたのに、しばらくすると妻が再び不平を漏らすようになった。

「庭の様子が、どうもおかしい」と——。

土だった部分は全部敷石で埋めたはずなのに、気が付くとウッドデッキに置いたサンダルの裏が泥だらけになっている。

洗濯物を干すために庭に降りると、石畳のはずの庭がなぜかふわふわとした踏み心地に感じる。まるで土だった頃の庭のように。

「手抜き工事だったのではないか」

そう妻は言うが、実際豊島氏はサンダルの土を目撃したことはなかったし、庭をあちこち歩いてみても硬い石にしか感じなかったので、妻の気のせいだろうとなだめて放っておいた。

だが、ある日の夜を境に考えを改めた。

庭の隅に、母親の姿を見つけたのだ。

窓の向こうに、愛用のくたびれた茶色のカーディガンを着て、背中を丸めて顔を両手で覆っている、小さな後ろ姿を。

急いで庭に駆け出ると、それは一瞬で煙のように消え去った。

母親は泣いていた。その姿が、豊島氏の目に焼き付いていた。

「こりゃ親不孝しちゃったな、と反省してね」

豊島氏はすぐに業者に頼んで、庭の一角の敷石を剥がして土を掘り返し、花壇にリフォームし直した。

氏の言うところの「ふっかふかの土」の花壇に、母親が好きだった紫陽花の苗を植えたところ、毎年驚くほど見事に花を咲かせているそうである。

聞き分けのいい人

宮崎さんの高校生になるお嬢さんが、腎臓を患い検査入院した際の話だ。

入院中は毎日の排尿量を調べるため、トイレで小用を足したあとは、隣接する小部屋に用意されたガラス瓶に、お小水を毎回自分で溜めるようにと看護師から指示を受けていた。

しかし、入院して数日ほど経過した頃、

「宮崎さん、ちゃんとお小水溜めている?」

宮崎さんのお嬢さん・咲月《さつき》さんは、そう看護師から注意を受けた。一日の尿の量が、明らかに少な過ぎると不審に思われたらしい。

「検査に必要だから、恥ずかしいとか思わないでね」

看護師の言葉に、咲月さんは確かに採尿をたまにしかしていないことを正直に告白した。

そしてその理由も。彼女が小用後に採尿瓶の保管された部屋を訪れると、いつも同じタイミングで現れる女性患者がいてイヤなのだと。

「あらぁ、偉いわねぇ。ちゃんと出たわねぇ。良かったわねぇ」

無遠慮にも、その女性は声高にそんな台詞を咲月さんに掛けてくる。満面の笑顔で。会うたびに。

幼い子どもに対するような扱いも、監視されているのではないかと思える頻度で出くわすことにも腹が立ったし、何よりデリカシーのかけらもない声掛けが恥ずかしくて、彼女に会いたくがない故に、採尿をさぼってしまっていたのだと。

朝顔の柄のパジャマを着た中年女性だと、咲月さんが看護師に告げると、

「あぁ、あの人ね。了解。注意しておくから大丈夫よ」

そう請け負ってくれて、それ以降、その女性は姿を見せなくなったという。

そんな話を咲月さんから聞かされた母親の宮崎さんには、思い当たる節があった。前日、宮崎さんが来院し、件《くだん》の採尿室の前を通りかかった際に、こんな光景に出くわしていたのだ。

「田村さーん、また出てきたでしょぉー。ダメじゃなぁい、怖がらせちゃあ」

ひとりの看護師が、誰かに向かって話し掛けている。なんとはなしに部屋を覗いてみた

が、不思議なことに看護師の他に人影は見られない。

(誰に向かって、注意しているのだろう?)

気にはなりつつも、その日は深く追究することなく、宮崎さんは咲月さんが待つ病室へと向かい、洗濯物を回収して自宅へと戻った。

そして翌日、咲月さんからお節介な女性患者の話を聞かされた宮崎さんは、得体の知れない不安に襲われた。

季節は二月。こんな時期に、その患者が朝顔柄のパジャマを着ていたというのも奇妙に感じられたし、宮崎さんが目撃した、誰もいない場所に向かって話し掛けていた看護師のことも気になった。

宮崎さんの従姉妹に当たる女性が、この病院で婦長をしていた。ダメ元で、咲月さんが採尿室で体験した、一連の話を彼女に伝えると、

「田村さんかぁ。また出ちゃったのね」

と、驚くほどあっさりと教えてくれた。

「五年くらい前に、入院していた患者さんなの。重い腎臓病で亡くなったんだけど、彼女にも咲月ちゃんと同じくらいの高校生の娘さんがいてね。近い年齢の女の子が入院してく

ると、娘さんを思い出しちゃうのかなぁ。出てきちゃうんだよねぇ、あの部屋に。でも、注意するとすぐ消えてくれるんだよね。聞き分けがいいのよ、彼女は」

あっけらかんと笑顔で語る従姉妹に、

「じゃあ、聞き分けが悪い『そういう人』もいるってこと？」

宮崎さんが恐る恐る尋ねると、

「……それは、言えないなぁ」

口調はおどけていたけれど、従姉妹の目は全く笑っていなかったそうである。

ふさわしくない絵

イメージとしては、ルソーの遺作「夢」に近い作品だったという。月夜のジャングル。生い茂った草むらの中に潜む、目を光らせた動物たち。本家と異なっていたのは、画面左手に裸婦の姿はなく、描かれていたのは、双頭の野獣や三つ目の猿、鱗の身体を持つ四つ足の獣など、この世には存在しない想像上の生物の群れだった点であると——。

建石《たていし》さんの勤め先は、都内のデザイン事務所。社員八名のアットホームな職場であったが、ある時期病欠者が続出するという事態が起きた。その原因が、前述の絵画にあったようなのだと建石さんは語る。

事業に失敗した友人の借金返済のために、まとまった金額を融通した社長が、その御礼に譲り受けたのが、友人の親戚が手掛けたという先に記した一枚の絵画だった。

自宅に飾るつもりが、奥方から「趣味じゃない」と却下されてしまった社長は、「味のある絵だろう」と得意気に畳一畳ほどもあるその絵を事務所の壁に飾ったのだが、社員たちは正直困惑した。

ルソーの名前をたとえには出したが、大家の名画と比べるのはおこがましいレベルの作品だった。稚拙なデッサンに、迫力不足な構図。異形の生物も、取ってつけたような造形で斬新さは見られない。仮にもデザイン業務を手掛ける会社で、このレベルの絵画を飾ってしまうのはいかがなものかと。

なんとか掛け合って、飾るのをやめてもらおうと社員の間で話が進められたが、社長は一週間ほどの海外出張へと出掛けてしまった。

その直後――

最初に体調不良を訴えたのは、チーフディレクターのO氏だった。続けて、デザイナーの女性社員も「具合が悪い」と休みを取った。その後も異変は止まることなく、次々と三人の社員が体調を崩し、入院する者まで出てしまった。残されたのは、建石さんと若いイラストレーターのM君のみ。

帰国した社長は、そんな事務所の状況に、流行り病か食中毒かと大層心配したが、M君が言い辛そうにこんなことを進言した。

「……原因は、あの絵だと思うんです」

そう言って、事務所の壁に掛けられた例の絵を、M君は指さす。

M君は、体調を崩した女性社員のひとりと交際をしていた。彼女は、絵が飾られた直後から猛烈な頭痛と吐き気に見舞われ、更に毎夜奇妙な夢を見るようになった。

それは、

「迷い込んだ夜のジャングルで、怪物に襲われ、生きたまま食べられる」

という、悪夢であった。

また、欠勤中のO氏に連絡を取ると、彼も同様の悩みを打ち明けた。ただしO氏の場合は、「ジャングルで、逃げ惑う女を捕まえて生きたまま食い殺す夢」であった。

立場は違えど、バキボキという骨が噛み砕かれる音が、目が覚めても耳から離れず気が狂いそうだと、ふたりは言い合わせたように訴えた。

すぐさま社長によって、絵は持ち主に返された。それでも全員が回復して仕事に復帰するまで、ひと月近くかかってしまった。

イラストレーターのM君も、結局二日ほど寝込み、なんの不調もきたさなかったのは建石さんと社長だけであった。

「俺と社長だけがなんともなかったのは、俺も社長並みの大物の器だっていう証拠かなぁ？」

建石さんに問われ、話を聞かせてくれた感謝も込めて「もちろん、そうでしょう」と、微笑んでおいた次第である。

禁忌の木

本多さんは、造園業勤続二十年を超える熟練の植木職人。

大学卒業後、一旦は一般企業に就職したものの、サラリーマンが性に合わず、半年を待たずに退職し、「職人」の響きに憧れて植木業界へと飛び込んだ。

夏の猛暑に冬の極寒、蜂の攻撃に毛虫の不意打ち。それなりにキツイことはあったが、面倒見のいい親方や先輩にも恵まれ、着実に職人としての腕を磨くことができた。

それは、植木屋をはじめて二年目の秋のことだった。

本多さんが勤める造園会社では、二年に一度、地元のとある寺の樹木の剪定を請け負っていた。境内には多種の樹木が植えられており、中でも本堂脇にそびえる二十メートル超えのクスノキの剪定が、一番の大仕事であった。

「本多、おまえやってみるか？」

事前の打ち合わせで親方に指名され、自分もようやく腕を認められたと本多さんは喜んで引き受けた。

しかし、続けて親方は、奇妙なことを本多さんに告げた。

「仕事の前日は、絶対に女に触るなよ」

性行為なんてもってのほか、手を繋ぐことも、肩が触れることもないようにしろ。そうしないと……、

「祟りにあうぞ」、と——。

普段は全く、信仰心の欠片も見せたことのない親方の口から突然出た、「祟り」などという縁起でもない言葉。

本多さんは、親方が自分をからかっているとしか思えずに、「はいはい」と適当に空返事をして、いつもどおりの日常を送った。仕事を終え、同棲していた彼女と手を繋いで銭湯に行き、一緒の布団で眠り、翌朝早くから現場へと向かう。

件《くだん》のクスノキを担当するのは、本多さんと先輩職人のふたり。枝にロープを掛け、いざ木に登りはじめると、

「本多——！　おまえ、やりやがったな！」

先輩から、いきなり怒号が飛んできた。

「すぐ下りろ！」

訳が分からず、とにかく言われたとおりに木から下りると、駆けつけた親方が本多さんの顔を見て呆れたように言った。

「……おまえ、女と寝たな？」

図星であった。どうせ分かりっこないだろうと、若き日の精力に溢れた本多さんは、いつもどおりの熱い夜を彼女と過ごしてしまったのだ。

「もう今日は仕事にならねぇから、おまえは帰れ」

なんでバレたのだろう。そして、どうしてそんなことを理由に、自分は早退を命じられているのだろう。

本多さんは困惑したが、それよりも、タオルを巻いた首元から頬にかけて、ジクジクする痒みが出はじめてきたことが気になった。手で触れてみると、肌がボコボコと隆起しているのが分かる。なんなんだこれは。

鏡で確認しようと境内のトイレに駆け込むと、人相が変わってしまうほどの大量の湿疹で、首と顔が膨れ上がっていた。顔だけではない。身体中にも痒みを覚え作業着をめくってみると、赤黒いブツブツが臍の穴から、まるで葉脈のように腹や胸にまで広がっている。

「薬なんか効かねぇぞ。自業自得だ。ほっときゃ治る」

親方も先輩も口を揃えてそう言ったが、痛みにも近い痒さに耐え切れず駆け込んだ皮膚科では、

「毛虫か漆のような植物に、気づかないうちに触れていたのでは？」

と、診断を受けた。かつて見たこともない、赤銅色の薄気味の悪いまだらな発疹が、毒虫や草木が原因のそれではないことは、植木屋二年目の本多さんでも容易に確信できた。

親方と先輩の言葉どおり、病院で貰った軟膏も飲み薬も全く効果はなく、湿疹が引くまでの数日間、本多さんは高熱にうなされ、散々な日々を送った。

熱で朦朧としていた間、なぜかザワザワという葉擦れの音が、本多さんの耳の中で鳴り続けていたという。

その二年後、再びこのクスノキの剪定を任された際には、もちろん厳密に教えを守って現場に臨み、本多さんは無事に大役を終えることができた。

それ以降もクスノキの剪定は、定期的に行われ続け、近年ではかつての本多さんのよう

な若い職人がその業務を担当しているそうだ。しかし、

「最近の若い奴は俺らと違って真面目なのか、誰も自分みたいな目に遭わないんですよねぇ。それとも――」

樹齢を重ねたことによって、クスノキが持っていた霊力が失われた可能性もあるのではないかと、本多さんは考察する。

「自分も、歳食って随分と、枯れちまいましたから」

陽に焼けた笑顔が印象的な、本多さんであった。

夫婦の寝室

実話怪談を綴る私のために、旧知の友人・早紀が怪奇現象の体験者さんを紹介してくれる機会があった。その際に、

「早紀自身には何かないの？　『あれはなんだったんだろう？』みたいな不思議な経験」

早紀には最初から、「自分は怖い話は苦手だし、語れる体験談はないけれど」と言われていたのだが、そういう彼女だからこそ、敢えて踏み込んで聞いてみた。「幽霊(的な何か)を見た」だけが「怪談」ではない。「怪しい」話であれば、怪談好きの琴線に触れる。霊感ゼロと断言し、普段怪談に全く触れていない人物の「ちょっと不思議な話があるんだけれど、これは『怪談』じゃないよね？」というエピソードが案外、奇妙な驚きに満ちていたりするのだ。

「……大した話じゃないんだけれどね」

電話口の向こうの早紀の口調が変わり、思わず姿勢を正す。

「次女がね、怖がるんだよね。寝室を――」

早紀によると、彼女の末娘の高校生のお嬢さんは、子どもの頃から父母の寝室に決して入ろうとしないのだという。「なんだか怖い」といった、実に曖昧な理由で。

「長女や長男は全然そんなことなくて、小さい頃はしょっちゅう私たちのベッドに潜りこんでいたんだけれど、次女は一切それがなかったんだよね」

雷鳴が轟く嵐の晩も、地震発生後の誰もが不安な夜にも、次女ちゃんは頑なに両親の寝室への入室を拒んだ。

しかし、実際にその部屋で、何かしらの現象が起きていたのか否かを尋ねると、

「それが何もないのよね。金縛りとかも全然なし。夫婦そろって朝までぐっすり」

早紀夫婦がマイホームを建てて十五年以上が経つが、二階の東南角部屋の夫婦の寝室で、ふたりそろって快眠そしてスッキリな目覚めの毎日だという。

では次女ちゃんはどうなのか。家族には伝えていないだけで、本当は世にも恐ろしいものを、問題の寝室で目撃しているのではないか。食い下がらない私に、

「あの子にしか見えていない『何か』があるとか？　イヤだ、ちょっとちゃんと聞いてみ

るわ」

早紀はそう約束をしてくれた。しかし、

「やっぱり具体的なことは何もないって。ただ『雰囲気が、なんかイヤなの』って。何かを隠しているわけでもないみたい」

後日連絡してくれた電話の内容は、「夫婦の寝室の怪」をアップデートしてくれるようなものではなかった。

と、思っていたのだが――

「でもね、あのあと旦那と色々話していたら、ひとつ思い出したことがあってね」

早紀が話してくれたのは、夫婦が寝室で体験した不可思議な出来事。この電話の際には「ひとつ」であったのだが、その後も「そういえば、こんなこともあった」「この話も考えてみればおかしいよね」と、記憶の彼方から掘り起こすように、過去の体験談を思い出すたびに彼女は連絡をくれた。

以下に、それを綴らせていただく。

『冷たい腕』

十年ほど前のその夜、早紀はご主人よりもひと足早くベッドに入った。金曜の晩、翌朝は子どもたちの習い事のために早起きをする必要があったので、時計が十一時を示す前には寝床についた。

十畳ほどの広さの夫婦の寝室には、シングルサイズのベッドが二台、サイドテーブルを挟んで並べられている。部屋に入って向かって左が、早紀のベッドだ。

季節は二月。就寝前に部屋を暖めておいたヒーターは、つけたままだと空気が乾燥して喉に良くないので、寝る前には消火する。部屋が再び寒くなってしまう前にと、しっかりと布団にくるまり目を閉じる。

入眠時の好みの体勢というのは、仰向け、うつ伏せ、手の位置に至るまで、人によって様々だろう。早紀の場合は横向きで、曲げた膝を両手で抱えるようにした「胎児」のポーズが、一番落ち着いて眠れる姿勢であった。

その夜も、お決まりのポーズでまどろんでいると、背中にスッと冷たい空気が入り込み目を覚ました。きっちりとくるまっていたはずの背中と布団の間に、明らかに空間が生まれている。誰かが、自分のベッドに入り込もうとしている。それは全くあり得ないことではなかった。次女は決して（特に夜は）寝室には入ってこなかったが、小学生の長男長女、そして夫婦であるのだから当然ご主人も、時折彼女のベッドに入ってくることは確かにあった。だが――

背中に回された二本の腕の、異様な冷たさに早紀は思わず悲鳴を上げた。まるで雪の中で遊んでいたような、いやむしろそれ自体が氷でできているかのような低体温の腕が、早紀の身体に巻き付いてきたのだ。

「誰っ⁉」

布団を跳ね上げ、飛び起きて振り向いた。しかし、ベッドの中は無人である。

シーツの上にそっと手を置いてみる。自分が寝ていた部分にはぬくもりが残っているのに、背中の近くは冷水をぶちまけたかのように冷え切っている。

すっかり目が冴え、寝室を出て子ども部屋を覗くと、三人の子どもたちはスヤスヤと寝息を立てているし、ご主人は階下のリビングで、缶ビール片手にまだのんびりとテレビ鑑賞をしていた。

冷たい腕の正体は、分からぬままである。

『ストレッチ』

早紀の一日は、ベッドの中でのストレッチからはじまる。

起床と共に思いきり伸びをして、肩、首、手首、足首、そして腰、回せる箇所をしっかり回してゆっくりほぐす。

早紀はいつも布団を頭から被って眠っている。故にこのストレッチも、頭まで布団に潜ったままの状態で行っていた。その方が、「気持ち的になんだか落ち着く」からであった。

その日も早紀は目覚めると、大きく深呼吸をしながら四肢を目いっぱいに伸ばした。すると、

――ボ・フ・ン

いきなり視界が開けた。顔を覆っていた布団が突然めくられ、二つに折り畳まれたのだ。

その日、ご主人は出張中で不在。寝室には早紀だけ。

ストレッチで身体を動かした勢いで、布団がめくれたのか？　いや、使っているのは二枚合わせの羽毛布団だ。それも早紀の好みで、ある程度の重みがある布団を夫婦で選んだものだ。毎朝ストレッチを続けていて、一度だってめくれたことなんてなかったのに。

何より奇妙だったのは、掛布団が丁寧に、ゆっくりと外側に二つに折り畳まれたことである。

ボ・フ・ン、と。

「ママー、起きてー」

自分を呼ぶ子どもたちの声が聞こえてくるまで、早紀はしばし呆然と、ベッドの中で固まっていたという。

『そこには誰が？』

こちらは、早紀のご主人の体験談になる。

ある日曜日。アラームの音に起こされることもなく、ご主人はたっぷり睡眠をとって起床した。

目を覚ました時点で、枕元の目覚まし時計は既に八時を示していた。東南角部屋の夫婦の寝室には、二つの窓と物干し場のあるベランダへの大きな掃き出し窓があったが、毎晩就寝時には雨戸を閉めているので、朝の光は差し込んでこない。

暗い部屋の中、隣のベッドに目をやると、妻である早紀はまだ寝ているようだった。布団を頭から被って丸くなって眠るのが、彼女の常である。丸い布団の膨らみが、もぞもぞと動いたが、休みの日くらいゆっくり寝かせてやろうと、ご主人は音を立てないように寝室を出て、階下のリビングへと向かった。すると——

「おはよう」

リビングには、家族全員が揃っていた。

三人の子どもたちと、愛犬、そしてキッチンには妻の姿も。

それでは、自分が見たあの妻のベッドの膨らみは、なんだったというのか？　布団が丸まっていただけ？　いや、季節を考えろ。真冬の分厚い布団ならともかく、真夏のこの時季、使っているのは薄い肌掛け布団一枚だ。それがあんな風に、まるで中に人がいるかのように膨らみ、そして動いていたのは何故か？

動揺したご主人は反射的に階段を駆け上がり、寝室のドアを乱暴に開けた。不審者が潜り込んでいるのではと、考えたからだ。

しかし、寝室は無人の上、妻のベッドに掛けられたピンク色の肌掛け布団は、きちんと半分に折り畳まれていた。

不審者の不在には安堵したが、ではあのベッドの膨らみは一体——

家族を不安がらせてもいけないと、ご主人は自分の身に起きた事態を誰にも伝えることなく、その後すっかりと忘れていたのだが。

「ねぇねぇ。この部屋で、何か変な経験したことってある？」

そう早紀が尋ねてきたのをきっかけに、ふと思い出した出来事であるという。

『明瞭《クリア》な寝言《ねごと》』

就寝中の「いびき」が酷かった早紀のご主人は、数年ほど前に「睡眠時無呼吸症候群」の診断を受け、「ＣＰＡＰ《シーパップ》療法」という治療をはじめることになった。

ＣＰＡＰとは「Continuous Positive Airway Pressure＝持続陽圧呼吸療法」の頭文字をとったもの。鼻と口を覆うマスクを装着し、専用の機械を使用して送り込んだ空気で気道を広げ、睡眠中の無呼吸症状を防ぎ、眠りの質を高めるという療法である。

この専用機械を就寝時に装着することによって、ご主人が悩んでいた日中の眠気や倦怠感も解消されたし、早紀も大音量のいびきを聞かずに済み、夫婦ともに快適な睡眠をとれるようになった。「シュコーッ、シュコーッ」という、機械が空気を送り込む音が多少は気になったが、むしろ「ダースベイダーみたい」とふたりで面白がっていた。

「お※◆Φ（おやすみ）」

ベッドに入り、顔の半分を覆うマスクを着けてしまうと、最早何を喋っているのか理解不能なので、眠りにつくまでの夫婦の会話はなくなってしまったが、それも健康のためには仕方がないと早紀は感じていた。

そんなある日の晩、

「やめとけ」

明かりを落とした寝室。就寝前にベッドの中でスマホを眺めていた早紀の耳に、隣のベッドから声が聞こえた。はっきりと。クリアな音声で。

暗がりの中、ご主人の顔を覗き込む。機械が外れてしまっているのではないかと確認をする。車の運転の多い仕事に就くご主人にとって、ちゃんとした睡眠がとれずに日中眠気に襲われる事態は、避けねばならないからだ。

だが、鼻と口を覆ったマスクはきちんと装着され、穏やかな顔でご主人は眠っている。「シュコーッ、シュコーッ」と定期的に空気が送られる音も聞こえてくるし、特別に異常はない。

器具を着けているときは、いつもくぐもった声でしか喋っていなかったのに。なんだ、ちゃんと普通に話せるんじゃん。その時点では、早紀はそんな風に考えていた。

しかし――

「まいったな」

明瞭な声での寝言《ねごと》を再度彼女が耳にしたのは、それから何か月かが経過した頃だった。眠りを覚ますほどに、はっきりとした声だった。このときもやはり、ご主人はしっかりマスクを装着し、静かに眠っていた。いったい何に「まいった」のか尋ねたくても、寝言には反応してはいけないという説が頭に浮かんだので、早紀はそのまま眠りに就いた。

二回とも、翌朝「昨日、寝言を言っていたよ」と教えても、ご主人は全く覚えていなかった。

「ダメだな」

更に数か月後のこと。三回目に聞こえてきたのも、やはり否定的な言葉だった。でも今回違ったのは、その声がご主人が発した声ではなかった、ということだった。

その夜、ご主人は出張で不在だった。

寝室で夜を過ごしていたのは、早紀だけ——。

「考えてみるとね。旦那の声とは、全然似ても似つかなかったの。三回とも」

ネガティブに独り言を呟く声の正体に、早紀もご主人も全く心当たりはないという。


『ある晴れた朝に』


ある晴れた日の朝。二階の寝室の雨戸を開けた際、ふと目を落とした一階部分の庇《ひさし》の様子に違和感を覚えた。

目を凝らしてよく見ると、銀色のアルミ製の庇に、小さな足跡が幾つか浮かんでいる。

丸い指の跡が五つ付いた、素足の足跡。指の位置から考えると、右足だけの足跡が三つほど。

一階の玄関に取り付けられたアルミ製の庇は、積雪の重さにも耐えられる丈夫な物ではあったが、まずその場所に人が登る必要性が考えられなかった。庇は寝室の窓の斜め下に位置しているので、泥棒がそこから登って寝室に侵入するとしても、逆に寝室の窓から庇に降りるにしても、曲芸師かパルクール並みの技術が必要となる。

おまけに、どれも幼児サイズの足跡だった。それも右足のみ。

子どもたちは既に中学生になっている。近所にやんちゃな悪ガキもいない。

結論として、「目の錯覚」だと無理やり納得することにした。何しろ、その日は予定が目白押しで急いでいたからだ。

――以上が、早紀のご主人による体験談である。


その日は朝から大忙しだった。

着替えを取りに階段を駆け上がり、寝室へと飛び込む。雨戸は開けられ、朝の陽射しが差し込んではいたが、ガラス窓は閉じられていた。なのに、風をはらんでレースのカーテンが揺れた。部屋へと駆け込んだ際の勢いが、原因だろうと考えた。が――

続いて、白い波のようにはためくカーテンに、小さな子どものシルエットが影絵のごとく右から左へと駆け抜けた。

二階の夫婦の寝室の窓。その窓の向こうには、私道を挟んでお向かいさんの家が建っている。家の前や道路でたとえ子どもが遊んでいても、影がカーテンに映ることはかつて一度もなかったし、ましてやここは二階である。距離や角度的に、そんなことは考えられない。

それでも、とにかくその朝は急いでいたので、「気のせいだろう」と判断して服を選ぶと早々に寝室を出てリビングへと向かった。

——こちらが、妻である早紀の証言となる。


この日は、長男の中学最後の部活の試合が行われた、忘れがたい日であった。

早紀とご主人が、「寝室で何か不思議な現象に遭遇した経験は？」という当方からの質問に、互いの記憶を引き出し照らし合わせた結果、それが同日の朝に体験した出来事だったことが、五年以上経過した現在、ようやく判明したのだという。

※　※　※　※

「結構あったね」

夫婦の寝室を「怖い」と言って避けるお嬢さんの話をきっかけに、その部屋で起きた奇妙なエピソードを、ふたを開けてみれば続々と、早紀とご主人は記憶から掘り起こして幾つも聞かせてくれた。

何故これだけのエピソードを、最初から思い出せなかったのよと問えば、

「ウチは夫婦してB型だから、都合の悪いことはすぐ忘れちゃうのよ」

と、血液型のせいにされた。

「お祓いとかした方がいいと思う？」

早紀の口ぶりには、さほど深刻な感情は含まれていない。なのでこちらも、十五年以上も特に問題なく家族健康に暮らしているのだし、そういったものは今さら必要ないのではないかと答えると、

「それもそうよね」

そう、あっさりと返された。

「肝心の次女も、もういないしね」

長男長女に続いて、今春、末のお嬢さんも進学のために家を出たという。

「怖がる人もいなくなったし、気にしなくていいよね」

明るく笑い飛ばす早紀は、やはりB型だなと実感した次第である。

幸せな結婚

伯母は長きにわたって、結婚式場で「介添人《かいぞえにん》」の仕事をしていた。花嫁花婿の衣装のお直し、挙式・披露宴での一連の流れへの誘導・サポートなど、晴れの日を支える和装の女性が「介添人」である。昨今であると、式場においてスーツ姿で新郎新婦に付き添い支える「アテンダー」と呼ばれるポジションが、それに当たるだろう。

式場が建つ場所の風水的な影響なのか、介添えに従事する特有の緊張感がそうさせたのか。伯母は特に「霊感がある人」でも「見える人」でもなかったが、職場である結婚式場で何度か「見えてしまった」経験があった。

新郎新婦から、既に他界されている親御さんの分も披露宴の席を設けてくれ、という依頼が時折あるという。席には故人の写真が飾られ、「父（母）は食べることが大好きでしたので」と、他の列席者と同様に料理を用意する「陰膳《かげぜん》」の要望も多くあった。

たとえ肉体がそこになくとも、生を与え育ててくれた親御さんに新たな門出の瞬間を見守ってほしいという、強い思いからだろう。

その故人の席に、写真と同じ顔の人物がちょこんと座っているのを、伯母は何度か目撃していた。

半透明の彼らの身体は、どうやら他の人には見えていないようで、当初は大いに動揺したけれど、大切な宴の最中に騒ぎ立ててはいけないと、伯母は淡々と仕事に徹した。

セーターにスラックスの普段着姿の父親、きっちり留袖を着込んだ母親など、服装は様々であったが、皆、微笑みをたたえて高砂《たかさご》に座る我が子を温かい目で見つめていたという。

披露宴がお開きになったあと、招待客をお見送りする新郎新婦の横にちゃっかり並び、金屏風の前で律儀に頭を下げる母親の姿を見てしまったこともあったとか。

「『怖い』よりも、子を想う親の気持ちに泣けたわぁ」

もちろん介添人のプロとして、伯母はその場で涙を流したりはしなかったのだが、一度だけ、平静を装うのが非常に困難な場面に遭遇したことがあった。

それは、披露宴会場の白い壁に、めり込んでいるかのように半身だけの姿でぬっと立つ、青白い顔をした若い女性の姿を見てしまったときだった。まばたきもせずに、両目をカッと見開き、新郎新婦を憎しみのこもった視線で凝視する彼女は、明らかに招かれざる客だった。

「誰かに恨まれるようなお式は、やっぱりよくないわよねぇ」

伯母はそんな風に、まだ嫁入り前だった私に、念押しするように話してくれた。

その後、私たち夫婦の挙式と披露宴に出席してくれた伯母は、「いいお式だったわねぇ」と終始ごきげんであったから、招かれざる客は現れなかったようで安堵している。

洒落男

やけに胸元の開いた服をいつも着ている、男友だちがいる。

シャツのボタンを三つほど開け、どんな寒い日でもマフラーやネックウォーマーの類《たぐい》をしている姿を見たことがないし、ハイネックやタートルネックなどの、首元を覆う服を着ていた記憶もない。お洒落な男性だったので、ファッション的なこだわりがあるのかと思ったら、話を聞いてみるとどうやらそうではないらしい。

そのきっかけは、彼の若い頃に遡る。

仲間三人で連れ立って、東京の西部にあった心霊スポットと噂される廃ビルに出掛けた。

軽いノリで立ち入ったものの、やたら薄気味の悪い場所で、仲間のひとりはすぐに気分が悪いと訴えだした。当の男友だちも、建物に入った瞬間、肩に妙な重さを感じていた。

時間が経てば経つほど、ずっしりとのしかかるような圧が両肩に加わり、息苦しさまで覚えてきた。思わず、胸を押さえようとすると――

胸の前で交差する、二本の腕がそこにあった。

背後から、誰かが彼に覆いかぶさっている。友人ふたりは、前を歩いているというのに。

じゃあこれは、誰の腕だ？

声にならない悲鳴を上げて、真っ先に彼は廃ビルから逃げ出し、友人たちもそれに続いた。

ビルから出ると、肩の重みも巻き付いていた腕もあっさり消えた。

節くれだった指と大きな手のひら、腕毛も見事な、太くてごつい男の腕だったという。

「女の手だったら、まだ良かったのにね」

からかい半分で言うと、

「そういう問題じゃない」

と、ムッとされた。

以来彼は、マフラーや首の詰まった服は、あの腕の感触を思い出してしまうので、身に着けられなくなったそうである。

「若い頃ならまだしも、四十を超えた身体に、冬の寒さは年々こたえる」

そう言って彼が肩をすくめたのは、寒さからだったのか。

それとも、いまだ首元に残った腕の感触を、無意識のうちに振りほどこうとしていたのか。

二十歳のキミへ

まさか自分の息子の成人式が、こんなことになるとは――

二〇二一年、令和三年の成人式は、新型コロナウイルスの感染拡大を受け、多くの市町村で開催が中止・延期、若しくは急遽オンライン配信に変更されたり等で、新成人らはもちろん、その親御さんたちも直前まで翻弄される事態となった。

地方の大学に通う嘉奈さんのご長男も、当初は東京の実家に里帰りをして成人式に出席する予定であったが、前年末に式の中止が決定し、続けて再度出された緊急事態宣言に伴い、里帰り自体も取りやめた。

「男の子だから、晴れ着の用意とかもなかったんだけれど、なんだかガックリきちゃってね」

家族で写真を撮って、息子の好物でお祝いをして……。思い描いていた計画もすべて白

紙となった。そこへ、

『ご無沙汰しております。皆さん、お元気ですか？』

寂しく年明けを迎えた嘉奈さんの元に、一本の電話が入った。

『おかげさまで、無事成人式を迎えました』

ひとこと報告がしたくて――。

そう告げる、電話の向こうの懐かしい声は、K君という青年だった。

K君は嘉奈さんのご長男の友人。とはいえ幼稚園が同じだっただけで、小学校ではクラスも違い、ほぼ接点がなかったため、ご長男本人はK君とは深い付き合いはない。

嘉奈さんにとってK君が忘れがたい存在となったのには、息子さんも知らない過去の出来事があった。


それは十五年前、息子さんとK君が幼稚園の年長児だった頃の話だ。

息子さんの五歳の誕生日。嘉奈さん宅にて、友だちを招いてのお誕生日会を開催することになった。幼稚園では、お誕生日会に招かれた招かれなかったで揉めるトラブルが起きて以来、「お誕生日会を開催する際には、同じクラスの同性の子には必ず声を掛けること」

という お達しが出されていた。

嘉奈さんもそれに従い、年長さんクラスの男子十数人全員を招待した。習い事などで欠席する子もいたものの、計十人もの五歳児が、嘉奈さん家族が暮らす2LDKのマンションに集うこととなった。K君も、その中のひとりであった。

しかしお誕生日会当日、K君のお母さんから、発熱を理由に欠席する旨の電話があった。園で見掛けるK君はおとなしくて物静かな、野生児丸出しの嘉奈さんの息子さんとは正反対のタイプで、お母さんの話によると生まれつき身体が弱いとのことだった。

『お誕生日会も、本当に楽しみにしていたんですけれど……』

ため息交じりに語る、K君のお母さん。元気が有り余り怪我が絶えない我が子の育児とは、また違った悩みを抱えているのだろうと嘉奈さんは案じた。

そしてはじまったお誕生日会。

類は友を呼ぶのか、息子さん同様パワー全開の五歳児たちが集まり、嘉奈さん宅は混沌と化した。サンドイッチとケーキでお腹を膨らませたあとは、「サッカーでもしてきたら？」と、子どもたちを外へと促した。放っておいたら、自宅の家具や電化製品を片っ端から壊されてしまいそうな状況だったからである。

台風のように玄関から飛び出していった子どもたちの中に、嘉奈さんはK君の姿を見たような気がした。園で見る、おとなしそうなK君とは印象が異なり、他の子同様元気いっぱいの姿だった。

（熱が下がって、来られるようになったのかしら？）

三々五々集まってきた子どもたちのために、玄関の鍵は開けたままだった。気づかぬ間に家に上がっていたのかもしれない。

子どもたちは、すぐ近くの公園で遊んでいるはずだ。喧嘩が起きたりしていないか、危ない遊びをしていないか、ざっと片付けをしてから、見守るために嘉奈さんも公園へと向かう。

だが、公園で遊ぶ子どもたちの中にK君の姿は見当たらない。

「ねぇ、K君は先に帰ったの？」

息子に尋ねてみても、

「何言ってんの？　Kは今日来られないってママが言ったんじゃん」

得られたのは、互いに首を傾げるような回答だった。

後日、K君のお母さんが「ドタキャンしちゃってすみません」と、わざわざプレゼントを届けに来てくれた。やはり、あのときK君がいると思ったのは気のせいだったのかと、嘉奈さんは納得した。

しかし、気のせいだと片付けられないような出来事が、そのあとも続いた。

園の親子遠足で出掛けた動物園。その日も体調を崩して来られなかったK君の姿を、嘉奈さんはキリンの檻の前で見掛けた。

入学した小学校。授業参観で訪れた学校の廊下に、ぽつんとひとりで佇むK君が、教室の中の様子をうかがっている姿を目撃した。

運動会の日、歓声を上げながらグラウンドを駆ける子どもたちを、木陰から眺めるK君を見つけたこともあった。

小学校に上がったK君は、幼稚園の頃より更に病弱になり、行事にはほとんど参加できていなかったというのに――。

K君がほぼ学校に来ていないという話は、情報通の同じ幼稚園だったお母さん仲間から聞いていた。免疫機能が低下し、長い入院治療が必要になるらしいとのことだった。

にもかかわらず、何度もその姿を見てしまっていた嘉奈さんは、

（私が見ているのは、他の子たちと同じような生活を送りたいと願うあまりに、『幽体離

脱』してしまったK君の姿では？）

そう考えるに至った。事実、彼女の目撃したK君は、

「他の子たちと違って、見た目に重みが感じられなかった。ふわふわとした印象というか」

異質な存在として、目に映ったという。


その翌年の夏、町内会が開催した子ども祭りの日、役員として出店の手伝いをしていた嘉奈さんは、会場の公園の隅にぼんやりと立つK君を見つけた。依然としてK君の病状は芳しくなく、入院中だと聞いていたのに、だ。

咄嗟に嘉奈さんは駆け出して、K君の元へと向かった。

「K君！」

嘉奈さんの呼び掛けに、ふわふわとしたK君は視線を向けたが、その瞳には光が感じられない。

「ここにいたらダメ！　ちゃんと身体に戻って、しっかり病気を治さなきゃ！」

こんな状態のK君に、説得の言葉が届くかどうかは分からない。それでも、見過ごしたままではいられなかった。

「元気になって、またみんなと遊ぼう！」

黙ったままのK君に向かって、嘉奈さんはとにかく言葉を投げ続けた。

「嘉奈さーん」

同じ班の役員のお母さんから呼ばれ、振り向いたあとに視線を戻すと、K君の姿は忽然と消えていた。

役員のお母さんからは、嘉奈さんがひとりで茂みの中で必死に叫んでいる様子を奇妙に思い、声を掛けたのだと言われた。

K君の姿が見えていたのは、嘉奈さんだけだった。


再び、嘉奈さんのマンションにK君が訪ねてきたのは、彼や息子さんの小学校の卒業式が済んだ直後であった。

あの年の夏以降、K君は病状も回復し、めきめきと体力をつけ、学校へも毎日元気に通えるようになった。高学年の頃には皆勤賞までもらうほどの健康優良児となり、学校行事で嘉奈さんの目に留まったK君は、ふわふわなどしていない本物のK君の姿になった。

「あのお祭りの日に、ちゃんと叱ってもらえたからです」

Ｋ君は嘉奈さんに感謝の言葉を伝えた。身体が弱かった頃のＫ君は、高熱でうなされるたびに、自分の意識を「楽しい場所」に飛ばして、病の苦しみから逃れようとしていたのだという。

友だちのお誕生日会、遠足に運動会。生身の自分は参加できなくても、せめて自分の分身だけでも楽しめればと。

「最初は、夢の中でだけ、好きなところに行けているのかと思ったんですけれど」

夏祭りの日に嘉奈さんに叱られて以来、「飛びたい」気持ちを抑えるようにした結果、医者も両親も驚くほど元気になったのだとＫ君は告げた。

「ありがとうございました」

Ｋ君は、父親の転勤に伴い、他県の中学に進学することが決まっていた。わざわざ最後に御礼を言うために、訪ねてくれたのだろう。

「元気でね」

そう言って別れたＫ君が、再び嘉奈さんに連絡をくれた。

成人式のために実家に戻った彼が、両親と子どもの頃の思い出を語り合っているうちに嘉奈さんのことを思い出し、連絡先を探し出したのだそうだ。

「色んな意味で、今年の成人式は忘れられない思い出になったわぁ」

そう言って、電話取材の向こうの嘉奈さんは、やけに弾んだ声で話を終えた。

呪われた女

「私、呪われたことあるよ」

「鬼」の次は「呪い」の漫画がヒットしているという話を、友人たちとチャット上でしていたところ、美紀がそんな書き込みをしてきた。詳しく聞かせてと、後日個人的に通話の機会をもらい話を聞いた。

「美魔女」という言葉がぴったりのアラフィフの友人・美紀は、二十代の頃、その抜群のプロポーションを売りにレースクイーンとして活動していた。一九九〇年代初頭、ハイレグのレオタードにピンヒールが、彼女たちの定番スタイルであった。モータースポーツのレースだけに限らず、企業のコンパニオンガールとしてもイベント等で引っ張りだこだった彼女が、転職するに至った原因が、「呪い」だったのではないかというのだ。

「最初は、『この頃やけに足がつるなぁ』くらいに、軽く考えていたんだよね」

睡眠時に、ふいにジェットコースターが落下するような感覚に陥り、脚がこむら返りを起こす現象（その頃には知らなかったが、ネットで簡単に検索ができる現代、調べてみると「ジャーキング」「スリープ・スターツ」「入眠時ミオクローヌス（不随意運動のひとつ）」と、ちゃんと名称がある症状だということが分かった）、それが連夜続いていた。

友人知人に相談すると、「運動不足なんじゃない？」とか「疲れやストレスが原因かも」の他「自分もたまになる」という声も多かったので、「よくあることなんだ」と判断し、軽度の運動、ストレッチやふくらはぎのマッサージを心掛け、彼女なりに予防に励んだ。何しろ「脚」は、レースクイーンの美紀にとって、大切な商売道具だったからだ。

それでも夜ごとのこむら返りは止まらない。クセになってしまっているのか、足がつるのはいつも「左足」に限られていた。いっそこの片足を引き抜いてくれと叫びたくなるような痛みに毎夜襲われ、ベッドの中でもがき苦しむ時間が日々長くなり、睡眠時間も削られていく。大好きなアルコールを控え、たんぱく質を中心としたバランスの良い食生活も心掛け、漢方にも頼り、できることはすべて努力していたにもかかわらず。

そうこうしているうちに――

「左足だけ、明らかに目に見えて太くなってきちゃったの」

例えるなら、サラブレッドの鍛え上げられた脚線美を持つ右足と、農耕馬の太く逞しすぎる左足。「美しさ」において妥協を許さなかった美紀としては、アンバランスなプロポーションで人前に出るなんて耐えられず、また事務所からもやんわりと指摘され、レースクイーンの仕事をしばらく休むこととなった。

そして、連夜繰り返される「足がつる」症状が、誰かの「呪い」ではないかと彼女が考えるに至る現象が、ある晩起きた。

症状が出る直前に、「足首を誰かに強く掴まれ、思いきり引っ張られるような」感覚を覚え、更に、

「ベッドの足元に、『誰か』が立っているのが見えたんだよね」

性別も年齢も定かではない、黒い人影。すわ侵入者か、と思いながらも痛みに身をよじっているうちに、いつの間にか影は消え気配もなくなっていた。だが左足の足首には、誰かに掴まれた指の跡のようにも見える、青黒い痣が浮かんでいたのだと美紀は語る。

「文字どおり、他人の足を引っ張り合うような業界だったから」

これはレースクイーンの仲間の誰かの仕業だと、当初美紀は信じて疑わなかった。しかしその推測は、彼女にかかってきた一本の電話で覆された。

「美紀さん、元気してる？　何も問題ない？」

電話の相手は、元交際相手の妹であった。手酷い振り方をして別れた男であったが、何かと趣味やノリが合っていた妹とは、男と縁が切れたあともたまに連絡を取り合っていた。

元彼は、一流企業の御曹司。最近、父親である社長が懇意にしている占い師のところに兄が入り浸り、自分を振った美紀への恨みを晴らす手段を画策しているようだから注意してねと、妹は告げる。

「その占い師さ、まじないみたいなことも得意らしいんだよ。根暗なアイツがやりそうなことと言ったら、美紀さんへの復讐しかないと思って」

両親の愛情を独り占めにしていた兄を毛嫌いしていた元彼の妹は、「私は美紀さんの味方だよ」と報告してくれたのだが、ではそのまじないを解く方法をなんとか教えてくれと頼んでも、「それは分からない」とにべもない。

「彼女から、そんなことを聞いたせいかもしれないけれど……」

以来美紀は、深夜足がつって飛び起きるたびに元彼の気配を自室で感じるようになる。

元彼が吸っていた煙草の匂い。鼻炎気味の彼のクセだった、鼻をすする音。ベッドの足元に現れる人影の、右肩が下がった特徴的な立ち方にも、元彼の姿が重なった。

卑怯者。陰険野郎。文句があるなら正々堂々と姿を現せ！

激しい足の痛みにもんどり打ちながら、思いつく限りの罵詈雑言を影に向かって投げつける毎日に、美紀は肉体的にも精神的にも追い詰められていく。

職も失ってしまった美紀の、不安定な精神状態に嫌気が差したのか、交際中だった医師からは別れを告げられ、部屋の家賃も払えないような状況に陥った頃――。

その日は、気が付けば朝になっていた。一度も目覚めることなく、足がつることもなく、久々に朝まで快眠できた。そんな日々が幾日も続き、いつの間にか引きずるほどだった足の痛みも引き、奇妙な痣も消えていた。

丁度その頃、元彼の妹から、彼が父親の会社の取引先の社長令嬢と婚約をしたという話を聞かされた。短大を出たばかりの若い娘だというその婚約者の存在が、美紀への執着を忘れさせてくれたのではないだろうか。故に「呪い」も消えたのだと。そう美紀は推測した。

炎症も治まり、腫れあがっていた左足もほとんど右足と変わらない太さに戻ったのだが、それでも左足のふくらはぎが若干不格好に太いことにストレスを感じ、美紀は長年の夢であった、レースクイーンから女優を目指す道を諦めたのだという。そして、左足と右足の太さの違いを気にして、美紀は現在に至るまでミニスカートにもハイレグの水着にも再び足を通すことはなかった。

「左足だけを狙ってきたのには、何か理由があったと思う?」

私の問いに、美紀はこう答えた。

「あたし、左向きのショットの方が、自信があったんだよね。だから撮影時はいつも左足を前にしてポージングしていたの。それを狙ったんじゃないかな」

そして、「夢を奪ったその元彼に恨みはないのか?」の質問には、

「むしろ、あの程度の呪いで勘弁してくれて感謝かも」

と、実に意味ありげに返した。

「もっと恨まれても仕方がないようなこと、奴にはしちゃったから」

一体どんなことをと尋ねてみたが、「嫌われたくないから、それだけは勘弁」と決して教えてはくれなかった。

正に、「美魔女」の微笑みを浮かべながら。

火曜日の社長さん

看護師の寿々恵さんがかつて勤めていた神奈川県の大学病院には、消化外科の権威と呼ばれる名医がいた。近隣だけに限らず、全国から彼の診察を希望する患者が訪れ、六十代の男性・高樹さんもそのひとりだった。消化器系の病気を患っていた彼は、隔週の火曜日に東北から新幹線に乗って来院し、一泊二日で治療を受けていた。

高樹さんは、地元で建設会社を営んでおり、絵に描いたような「昭和の経営者」といった人物だった。豪放磊落《ごうほうらいらく》で親分肌。いつもガハハと明るく笑い、ついついこちらまで笑顔になってしまうような人柄に、看護師の間では彼のことを親しみを込めて「社長《しゃっちょ》さん」と、陰であだ名していた。

建物の五階に位置する外科病棟の、エレベーターホールからスタッフステーションの前を通った廊下の突き当たりに、いつも社長さんが治療のために短期入院で入る特別室があった。

「どうもどうも！　お世話になります！」

来院のたびに、社長さんは周囲に響き渡るような大きな声で、ステーションに詰めているスタッフに挨拶をしてくれる。

「病院ですから、もう少し小さな声でお願いしますね」

いくらそう伝えても、「いやぁ、どうもすみません！」と、お腹の底から元気な声で返してくる。声量の調整が苦手なタイプなのだろう。その点には少々困ってはいたけれど、医師や看護師に尊大な態度をとったり、病院の対応に不平不満を述べたり、病状を必要以上に嘆いたりすることなどは一切なく、とにかく自身の回復を信じてしっかりと治療を受けようとする、非常に気丈でかつ前向きな患者さんだったという。

隔週火曜日の治療が一年ほど続いたあと、社長さんは秋田の自宅で大量に下血し、地元の病院に意識不明で搬送されそのまま他界された。

親族からその旨の連絡が入ったことを、スタッフから聞かされた寿々恵さんたち看護師一同は、最後に社長さんが来院した際も、いつもと変わらぬ元気な姿だったことを思い出し、突然の死を悼んだ。

それでも変わらず、病院における日々の激務は続いていく。

その日寿々恵さんは、同僚とふたりでステーションで作業をしていた。目の前の廊下を通り過ぎる人影に、ふと顔を上げると、

「え？」

思わず声に出し、隣にいた同僚に顔を向けると、彼女も目を見開いたままその場で固まっている。寿々恵さんは尋ねる。

「……今の、見た？」

「……うん、見た」

「社長さんだったよね？」

「……うん」

ふたりが目撃したのは、亡くなったはずの社長さんの姿だった。

かつての社長さんだったら、元気にこちらに挨拶をしてくれて、大きな体を揺らしながら、のしのしと歩いて特別室へと向かっていたのだが、そのときの彼は言葉もなく、まるで一時期子どもたちの間で流行した、踵の部分に小さな車輪が仕込まれたローラーシューズを履いているかのごとく、滑るように廊下を進んでいった。

慌ててステーションを出た寿々恵さんが社長さんのあとを追うと、廊下にも特別室にも、彼の姿は見当たらなかった。

その日は丁度、本来彼が生きていれば、来院するはずだった火曜日だった。

秋田で亡くなった社長さんが、神奈川の病院に現れるとは——。

社長さんの、

「何としてでも病気を治したい」

という思いが、死しても強く残ってしまっているのだろうか。

生と死が繰り返される病院という場所では、説明しがたい出来事が時折起きる。目撃してしまった社長さんの姿も、そんな現象のひとつだと寿々恵さんは思っていたのだが……。

それから二週間後の火曜日に、再び社長さんは現れた。

前回とほぼ同時間、同じようにスタッフルームにいた寿々恵さんが、通路に目を向けたそこに、社長さんがいた。

特別室に向かって、見えない糸で引かれているかのように、廊下をスーッと音もなく移動していく社長さん。

「高樹さん！」

寿々恵さんはたまらず、社長さんの背中に声を掛けた。

「もう、治療は終わったんですよ。ゆっくり休んでください」

安らかに成仏してほしい。そんな願いを込めて。すると――

ゆっくりと振り返った社長さんのその顔を、寿々恵さんは今でも忘れることができないという。

いつも自信に満ちた、ポジティブなオーラが全開だった社長さんが、驚愕と苦悶と絶望が入り混じった、見たこともないような顔で寿々恵さんを見つめていた。あまりにも胸を打つその表情に、寿々恵さんが言葉を継げないでいると、そのまま彼の姿は煙のように消えてしまった。

「私が本当のことを伝えなければ、社長さんはあんな顔をして、この世から去らずに済んだのかもって思うのよ」

そう後悔しながらも、

「でも、もし伝えなかったら、彼は永久に隔週火曜日に病院に現れ続けていたかもしれないし」

と、寿々恵さんは自分自身を納得させているのだと語った。

失礼します

新婚当時の後輩・葉山君は、それはそれは幸せそうで。

滅多に自慢話などしなかった彼が、いかに自分が素敵な女性と結ばれることができたかを、驚くようなのろけっぷりで語っていた。特に、彼女の料理の腕前が自慢らしく、

「嫁さんの手料理、ぜひ食べに来てくださいよ」

と、会うたびに誘われていた。

共働きであるにもかかわらず、奥さんは毎日彩り豊かなお弁当を作り、朝食も夕飯も一汁三菜栄養たっぷりの食事を用意してくれる。そして、どの料理もとびきり美味しい。

とにかくべた褒めの葉山君。是非いつか、ご相伴《しょうばん》にあずからせてもらいたいと思っていたところ——

葉山夫婦に、ちょっとしたトラブルが起きた。

奥さんが、台所に立たなくなってしまったのだ。

まずはじめに、昼食のお弁当を「やめたい」との申し出があった。もちろん快く承諾した。仕事場の近くにはコンビニやキッチンカー、手頃な値段の定食屋も充実しているから問題はない。

次に、家での食事が簡素なものになってきた。朝食は菓子パンかシリアル、夕飯はカップ麺かレトルト食材、スーパーの総菜やコンビニ弁当が食卓に上ることもあった。平日だけでなく、仕事のない週末までも。

明るかった奥さんの顔つきが、次第に暗くなっていく。

葉山君も率先して、家事の手伝いはもちろん料理もするようにしたが、奥さんの食欲は振るわない。

職場で、精神的に追い詰められたりしているのではないか。

いやむしろ仕事ではなく、自分との生活がストレスになっているとしたら……。

「最近、元気がないね？」

しっかりと、話し合う覚悟を決めた。

すると奥さんは、なんとも意外な答えを返してきた。

「……あなたは平気なの？　キッチンに立って、何も感じない？」

この部屋の台所には、何かがいる。

料理をしているとき、見えない誰かが背後に立っている。最近、その気配がどんどん強くなってきている。奥さんは、そう訴える。

妄想に走ってしまうほどに、精神を病んでいるのかと、葉山君の胸は痛んだ。何故なら「見えない何か」の存在なんて、あるはずがないのだから。葉山君は、敢えて笑顔で明るく答えた。

「感じないよ。第一、幽霊なんかいるわけないじゃん」

その瞬間、台所の壁に掛けてあったコルクボードの、請求書やダイレクトメールを留めておいた画鋲＝押しピンが、一斉にボードから発射されたように、勢いよく弾き飛んだ。

ハラハラと落ちる書類、遥か遠くの床まで散らばった画鋲を、葉山夫妻は唖然として見つめた。

すぐにでも引っ越したいと考えたが、元手がなかった。

幸か不幸か台所以外では異変がなかったので、引っ越し費用が貯まるまで、台所の使用を最低限にして辛抱することにした。

しかし、冷蔵庫は台所にあるし、全く立ち入らないわけにはいかない。

仕方がないのでふたりは、

「失礼します」

と、きちんと声を掛けてから、台所に入るようにした。大きな声を出すとなんとなく恐怖も和らぐし、

「以前より、イヤな気配を感じなくなった」

奥さんもそう言っているらしい。

何事も、挨拶が基本なのかもしれない。

回り道

「母方の家系は、不思議な体験の経験者が多いんですよ」

北陸地方で生まれ育ち現在は都内在住の仁奈《にな》さんが、そう言って聞かせてくれた、幾つかのお話を綴らせていただく。

仁奈さんのお祖母様・キミさんが体験した話だ。

ある夏のこと、畑仕事を終えたキミさんが、自宅へ戻ろうと農具を背負い歩きはじめたところ、見上げるほどの大きさの砂山が、行く手を塞いでいた。

通い慣れた農道。ほんの一時間ほど前、畑に来るために通った際には見る影もなかったのに、いつの間にか自宅の軒先くらいの高さがある砂山が築かれている。

いったい誰が。なんのために。こんな場所に。

農耕に使う肥料や用土の山ではない。手に取るとサラサラとこぼれ落ちるような、灰色の細かい粒だ。これだけの山を築くとなれば、人手も時間もかかったろうに、農作業中には車の音どころか人の声も聞こえてこなかったし、気配すら感じなかった。

夢でも見ているような心地ではあったが、砂山は確かにキミさんの眼前にそびえている。見るからに足がかりが悪そうな砂の山を乗り越えていくのは、背中の荷物を背負ったままでは難しそうだ。砂山の両脇は水を落としたばかりの水田で、まだぬかるんでいる上によそ様の田んぼだから、下りて歩くわけにもいかない。

そこでキミさんは、面倒でも一旦来た道を戻り、回り道をして自宅へ帰ることにした。まっすぐに行けば、五分もかからない距離に二十分近くを費やした。ようやくいつもの道にたどり着き、ひと息ついてふと後ろを振り返ると――

道の真ん中に積まれていたはずの砂山が、きれいさっぱりなくなっていた。

ついさっき、迂回した道から横目で見ていた砂の山が、跡形もなく消えている。

目の錯覚かと近くまで戻ってみたが、そこにはいつもと変わらない、砂利混じりの農道が延びているだけ。

「たぬきに化かされたんだわぁ」

キミさんはあっけらかんと、笑いながらその不思議な体験を仁奈さんに聞かせてくれたそうなのだが――

「詳しく聞いてみると、どうもたぬきにしては、優秀過ぎるんですよね」

仁奈さんは、そう続ける。

キミさんの話によると、その後も数回ほど、謎の砂山に遭遇したという。

町へ出掛けて帰る途中、近所の知人宅を訪ねて戻る途中、行く手を阻むように現れる砂山。

時間をかけて砂山を避け、遠回りをして自宅にたどり着くと、心配そうな顔をした家人が自宅から飛び出してきたことがあった。

家の近所の道で、大きながけ崩れが起きた。巻き込まれなくて良かったと、家人は繰り返す。

その報告を聞き、キミさんは考えた。もし砂山に出会わず道を迂回していなかったら、がけ崩れが起きた時間にその場を通っていた可能性が十分にあったという事実について。

同じような事態が続いた。

またしても出現した砂山を遠回りして帰宅すると、自宅の前に人だかりができていた。

キミさんの家の前の道路で、乗用車とトラックの衝突事故が起きていたのだ。これも、まっすぐに自宅に戻っていたら、巻き添えを食らっていたかもしれないと推測された。

砂山は、キミさんの危険を回避してくれるだけではなく、回り道のおかげで旧知の友人にばったり出会い、好物の笹団子をお裾分けしてもらうなどの、好事にも導いてくれたという。

「たぬきの悪戯にしては、出来過ぎだよ」

そう言って仁奈さんが疑問を呈しても、キミさんはかたくなに、身の回りで起きた不思議な出来事を、「たぬき」のせいで片付けてしまっていたらしいのだが、果たして――。

二階の誰かさん

身近で起きた不思議な出来事を、すべて「たぬきの悪戯」で片付けてしまう仁奈さんのお祖母さん・キミさん。次の話は、仁奈さんのお母様である奈美子さんが語ってくれた、仁奈さんの曾祖母、キミさんのお母様に当たる女性にまつわる思い出話である。

キミさん一家は、彼女の生家である北陸地方のお屋敷に、曾祖母と共に暮らしていた。お屋敷の一階の一番奥が、曾祖母の部屋だった。かつては元気に畑仕事に精を出していた曾祖母も、歳を重ね介護が必要となり、奈美子さんが高校生になった頃にはほぼ寝たきりの状態で、一日のほとんどをその部屋で過ごしていた。

屋敷の二階には、奈美子さんと、勤務先が近いからという事情で当時同居していた従姉妹の部屋があった。

従姉妹が、自室で外出の準備をしていた際のこと。

鏡を見ながら化粧をしていると、誰かが階段を上ってくる音が聞こえてきた。何しろ古いお屋敷なので、階段の軋みがすごいのだ。特に気にもかけずに化粧を続けていると、部屋の襖がスッと開く様が鏡の中に見えた。

「奈美ちゃん？」

隣室の従姉妹だろうと名前を呼ぶが、返事がない。

「叔母さん？」

開いたままの襖のそばまで行き、辺りをうかがう。しかし、二階に人の気配はない。

奇妙に思い、階下まで下り、

「誰か今、私の部屋に来たよねぇ？」

声を張り、家中を探したが誰もいない。いや、正確には奥の座敷に曾祖母がいるのだが、寝たきりの彼女が二階まで来られるはずがない。

そんな奇妙な出来事が、以降頻繁に起きるようになった。

奈美子さんの部屋の棚に飾られていた人形が向きを変えていたり、面倒で閉めたままにしておいたカーテンがいきなり開けられていたり、使われていない和室で衣擦れの音が聞こえたり――。

不思議なことにそういった現象の数々は、すべて自宅の階段と二階で起きていた。台所や居間、曾祖母やキミさん夫婦の部屋がある一階では特に気づかれなかった。

奈美子さんと従姉妹が気味悪がって、事態を家族に報告すると、

「きっとそれ、たぬきよ。相手にしちゃダメよ」

あっさりと、キミさんに一笑に付された。

「たぬきのわけがないじゃない」

野山で起きた出来事ならともかく、家の中にたぬきが現れて悪戯するとは考えにくい。何より昔話ではあるまいし、たぬきにそんな妖力があるだなんてことも、奈美子さんは信じていない。

そんな折、従姉妹がこんな発言をした。

「二階で、おばあちゃんの匂いがした」と――。

おばあちゃんとは、奥座敷で寝たきりの曾祖母のことである。彼女がひとりで起きて歩いたり、二階までの階段を上ったりなんてできないことは誰もが知っている。

なのに、従姉妹が自室でふと感じた視線に振り返ると、部屋の中にふんわりと独特な香

りが一瞬漂い、すぐに消えたという。

お香と畳と、熟した柿の実が混ざったような甘い匂い。曾祖母の部屋の匂いに間違いなかった。

「実はね」

従姉妹の告白に、キミさんが続けた。

「私も二階の和室に、おばあちゃんがいるのを見たんだよね。紫の紬《つむぎ》を着た」

紫の紬。それは曾祖母のお気に入りだった着物だ。今では終日寝巻き姿で、ひとりでは動けないはずなのに何故？　そんな奈美子さんの当然の疑問を、

「おばあちゃんに化けるだなんて、たぬきも何を考えているんだろうねぇ」

またしてもキミさんは、「たぬきのせい」で片付けようとする。

「……もしかしておばあちゃん、私たちのことを心配して、寝ている身体から出てきちゃったんじゃない？」

とかく心配性だった曾祖母は、元気だった頃はよく二階に上がってきては、奈美子さんと従姉妹にあれこれ声を掛けていた。

「何してるん？」

寝たきりになってしまっても、家族のことが心配で「生霊」的なものになって、家の中を歩き回っているのではないだろうか。

そんな結論を導き出した奈美子さんたちは、曾祖母の部屋に赴き、

「みんな元気でやっているから、心配しなくていいよ。安心して休んで」

と、既に意思の疎通はできていなかったのだが、それでも毎日声を掛けるように努めた。

しかし、それでも奇妙な現象は治まらない。

日を追うごとに、曾祖母の体調は悪くなっていく。呼吸も苦しげで、「痛い痛い」とう
わ言のように身体中の痛みを訴えてくる。

「生霊を飛ばしたりなんてしているから、体力が落ちてしまっているのでは？」

心配した従姉妹は、意を決して菩提寺に相談に行くことにした。

「これを階段に貼りなさい。そうすれば、落ち着くでしょう」

住職からそう説明を受けて、一枚の御札を貰って帰ってきた。

言われたとおり、階段の一段目の蹴込《けこ》みの部分に御札を貼ると、以来ピタリと謎の現象

は治まった。

菩提寺の御札の効力に、奈美子さんたちは感動しつつも、

「まさか家族の生霊のために、御札を貼ることになるとはね」

と、苦笑したそうである。

その後容態が落ち着いた曾祖母は、穏やかな日々を過ごし、およそ半年後のある日の早朝、静かに息を引き取った。

曾祖母は現在、ご先祖様と共に菩提寺のお墓で眠っているという。

この菩提寺の御札の力を、奈美子さんはその後、再び借りることになる——。

子ども部屋の誰かさん

年頃になった奈美子さんは、結婚をして三人の女の子に恵まれ、生家にほど近い街に新居を構えた。三人姉妹の長女が、仁奈さんである。

仁奈さんが、中学生だった頃の話だ。

ある日の晩、リビングのソファでお気に入りの漫画を読もうと、仁奈さんは二階の子ども部屋へと向かった。そこへ、

「待って！　私も行く！」

当時小学生の低学年だった末っ子の妹が、あとを追いかけてきた。

「トイレに寄ってから行くから、階段のところで待ってて！」

その頃末っ子は「なんか怖い」と言って、ひとりで二階に行くのを嫌がり、いつも階上に行くときは誰かのあとに引っついていた。

「部屋で待ってるから、早くおいで」

季節は二月。廊下は冷える。さっさと用を済ませ、暖房の効いたリビングに戻りたくて、仁奈さんは先に階段を上がって部屋へと向かった。お目当ての漫画を見つけたらすぐ戻るつもりだったので、部屋の電気はつけず、廊下から洩れてくる明かりを頼りに本棚を探す。

「ないなぁ」

パタパタと階段を上る足音が聞こえ、背後に人が立つ気配があった。トイレに行っていた妹が来たのだろう。わざわざ姿を確認することもなく、仁奈さんは漫画探しに集中した。

しかし、

「なかったわぁ。リビングに戻ろうか」

結局漫画は見つからず、真ん中の妹が持って行ったのかもしれないと諦めて、振り向きざまに後ろにいた妹の頭にポンッと片手を置き、部屋を出て階段へと向かう。すると——

「もう！　待っててって言ったのに！」

階段を駆け上ってくる、妹の姿があった。

「……え？　あんた、今来たの？　え？　今？」

じゃあ、ついさっき子ども部屋で、自分の後ろに立っていたのは誰なんだ？　背の高さも、妹と同じくらいだった。そして何より右手には、触れた髪の毛や頭部の感触が、まだしっかりと残っている。

振り返って、その正体を確認するのが怖くて、

「と、とにかくリビングに戻ろう」

震える右手を握りしめ、妹を急かして階下へと向かう。

リビングにいた家族に、今起きた出来事を興奮気味に話すと、父と母は「気のせいだろう?」と軽く流したが、真ん中の妹が突然ハラハラと涙を流しだした。

「みんなに喋っちゃうと、余計に怖くなる気がして言えなかったんだけれど……」

夜、姉妹が三人並んで眠る子ども部屋の隅に、我が家にあるはずのない、赤い服を着たおかっぱ頭の人形が立っているのだという。

「最初は遠くて小さかったのに、出てくるたびにこっちに近づいて大きくなっているの」

ゆらゆらと左右に揺れながら、滑るように近づいてくる見知らぬ女の子の人形――。

絶対に子ども部屋で寝たくないと、その夜からしばらく仁奈さん姉妹は、リビングに布団を敷いて眠った。

見かねた母の奈美子さんが、実家の菩提寺から御札を手に入れて子ども部屋の壁に貼っ

た。奈美子さんが学生時代、生霊となり家の中を歩き回っていた曾祖母を鎮めてもらった御札と、同じものである。

御札の効果はてきめんだからと説得されて、三姉妹は再び子ども部屋で眠るようになった。

御札の力か、毎夜仁奈さんが「ご先祖様、どうか私たちを護ってください」と仏壇に手を合わせるようにしたからか、以来子ども部屋で、おかしなことは起きなかった。

仁奈さんの実家のその部屋には、今でも貼られたままの御札が残されているそうである。

彼女はそれを憎んでいる

仁奈さんは幽霊が嫌いだ。

「怖いから」という理由ももちろんあるが、それよりも「ふざけんな」「むかつく」という憎悪に近い感情を持っているという。

「人様に対して恨まれるようなことをした覚えもないし、興味本位で心霊スポットに出掛けたりもしていない。真面目に生きているんだから、私の人生に関わらないでほしい」

至極真っ当な主張である。

二十年ほど前の話だ。

仁奈さんは大学受験のために母親の奈美子さんと上京し、Tドームにほど近いビジネスホテルに宿泊した。チェックインした部屋の第一印象が、まず「なんか暗いな……」であった。明日は、第一志望の大学の試験日。緊張から色々敏感になってしまっているのかもと、取り敢えずしっかり食べて睡眠をとって明日に備えようと、母と一緒に外で夕食を済ませ、早々に就寝することにした。

ツインの部屋のベッドに入り、「おやすみ」と声を掛け合い、電気を消して目を閉じる。

明日の試験のことを考え、なかなか寝付けずにいると、部屋の中がねっとりと重苦しい空気で満たされていくのが感じられた。おまけにやけに暑い。喉をやられては困ると、エアコンは眠る前に弱にしておいた。なのにどんどん、部屋の気温が上がっているような気がする。そこへ――

カラカランと、辺りの静寂を破る音が仁奈さんの耳に届いた。

このとき、お母さんの奈美子さんは壁際のベッド、仁奈さんは窓際のベッドに寝ていた。ベッドと窓の間には、ひとり掛けのソファ二脚とローテーブルの三点セットが置かれていたのだが、

カラカラカラン

音が聞こえてくるのは、その窓際のソファセットからだった。まるでソファに座る誰かが、手にしたロックグラスを回して、氷を鳴らしているかのような音だった。

――誰かがいる。でも絶対、生きている人間じゃない。

直感的にそう感じたが、怖くて目を開けて確かめることができない。身体中が重く、手足を動かすのも困難だったが、渾身の力を振り絞って寝返りを打ち、テーブルに背を向けるようにして頭から寝具を被り、すべてを気のせいにしてなんとか眠ってしまおうと試みた。

しかし、背中に感じる『何か』の気配は、仁奈さんの身体に絡みつくように忍び寄ってくる。

（さ、寒い）

さっきまでは暑苦しかったのに、布団を被っているのにもかかわらず、背中から凍るような冷気が襲ってきた。

カラカラカラン

耳に響く音も、次第に大きくなってくる。

（私たちには何もできません！　帰ってください、勘弁してください！　南無阿弥陀仏南無阿弥陀仏）

仁奈さんは必死に祈ったが、願いは通じず、忍び寄ってきた背後の気配が耳元で、

ゴクリ

と、喉を鳴らした。

（ごめんなさいごめんなさいごめんなさいごめんなさい）

心の中で繰り返し念じ続けるが、気配は消えない。募る恐怖が、次第に怒りへと変わってきた。

（冗談じゃないわよ。こっちは明日、人生の大博打が掛かってんのよ！）

人が下手に出ればいい気になりやがってと、仁奈さんの怒りが頂点に達したとき、

「去《い》ねっ！」

仁奈さんと、隣のベッドで眠っていたとばかり思っていた奈美子さんが、同時に声を上げ、跳ね起きた。

「……何か、いたわよね？」

奈美子さんの言葉に、母も自分と同様に奇妙な気配に気づいていたのだと仁奈さんは知る。

「……うん、いたよね」

ふたりは言葉少なに、視線を窓際の無人のソファへと向けた。

既に部屋の中に、『何か』の気配は消えていた。

数多《あまた》の不思議な体験をしてきた奈美子さんは、同じような経験を持つ母親のキミさんからこんなことを聞かされていた。

「聞き分けのない『たぬき』がいたらね。大きな声で『去ね！』って叱ってやりゃあへっちゃらだよ」

キミさんは、奇妙な現象はすべて「たぬきの悪戯」だと信じている人だった。彼女の教えを、奈美子さんだけでなく、孫である仁奈さんもきちんと受け継ぎ、それを実行したというわけだ。

祖母の教えのおかげでロックグラスを鳴らす『何か』は消えたが、既に時刻は夜明け間近で今さら眠る気にもならず、母娘はそのままホテルを出て、仁奈さんはほぼ一睡もしないまま試験に臨んだ。

結果は、落第であった。

故に、仁奈さんは幽霊を憎んでいる。

やっぱり彼女は憎んでいる

仁奈さんは幽霊が嫌いだ。

「奴らが世を儚んだり、誰かを恨んだりして出てくるのは勝手だけれど、赤の他人に迷惑を掛けるな」

そんな持論を掲げている。

なんとか滑り止めの大学に合格し、東京で大学生活をはじめた仁奈さん。合コンで知り合った有名私大に通う男性と、ふたりきりで会うようになった。

夕食や映画に数回ほど出掛けた後、週末にドライブへと誘われた。

東京のベイスポットを巡り、夜も更け、西東京の仁奈さんのアパートまで送ってもらう途中、もう少し一緒にいたいねと、大きな公園の駐車場に車を停めて、おしゃべりをしようということになった。

お相手の男性は、東京で生まれ裕福な家庭で育ったお坊ちゃまだったけれど、それを自慢することも他人を蔑んだりすることもない、誠実で清潔感溢れる好青年だったので、

(長く付き合えたらいいな)

と、仁奈さんは密かに期待を寄せていた。しかし彼が、

「この公園、実は心霊スポットらしいんだよね」

と言い出して、イヤな胸騒ぎを覚えた。なんでもその公園は、第二次世界大戦の時代に使われた防空壕が埋め立てられた上に造られており、園内には戦没者のための慰霊碑も建てられているという。

「少し歩いて回ってみる?」

そう彼に誘われたが、

「怖いからいい」

と、仁奈さんは即座に断った。明るい時間に哀悼の意をもって散策するならまだしも、興味本位でそういった場所に近寄ることは、死者を侮辱しているようで絶対にしたくないと、常日頃から思っていたからだ。

彼も無理強いをしてきたりはせず、

「じゃあ車の中で、もう少し話そう」

と、当時流行っていた車のサンルーフを開き、星空が見えるようにしてくれた。シートを倒し、手を繋ぎながらとりとめのない会話を楽しむ。すると、

「あ、流れ星！」

サンルーフから覗く夜空に、星が流れて消えていくのが見えた。

「え、本当？　どこどこ？」

結構明るく、大きな流れ星だったにもかかわらず、彼は見逃してしまったようだった。

「ほら、また落ちた」

気になる男性と手を繋ぎ、見上げる空に流れ星。なんてロマンチックなんだろうと、仁奈さんは心を躍らせたが、

「えー、分かんなかったなぁ」

今度も彼には、見えていなかった。

——何かが、おかしい。

ゾクリと背中に悪寒が走った。サンルーフの向こうを、右から左に走る光の玉は徐々に数を増やし、その大きさも増していた。そしてそれは何故か、仁奈さんの目にしか見えて

いない。

(——あっ!)

イヤな予感に警戒しながらも目を凝らしていると、それが流れ星などではないことに仁奈さんは気づいてしまった。

人の生首。

髪のない禿頭の生首が、空を横切り消えていく。

右から左へと走る横顔からは、性別は判断しかねた。ギラギラとさせた目を見開いて、笑っているのか威嚇しているのか、歯をむき出しにした強烈な顔つきで、生首は飛んでいく。

(お願いします。消えてください消えてください。私には何もできません。どうか成仏してください)

その公園が、曰くのある場所だと聞いていた仁奈さんは咄嗟に念じた。自分は冷やかしに来たわけではない、ただデートを楽しみたいだけなのだと。しかし、空を飛ぶ生首は消えるどころかますます数を増やし、ついには、

(まずいっ!)

突然、幾つもの生首が、角度を九十度方向転換させて、仁奈さんたちが乗る車に向かってきた。

大きく開かれた口から、不気味なほどに赤く濡れた咥内《こうない》を覗かせながら、まるでこちらを飲み込んでしまうかのように近づいてくる生首の群れ。

「去《い》ねっ！」

飛んできた生首が、サンルーフに激突するか否かの瞬間、仁奈さんは大きな声で叫び、両の手のひらを強く打ち合わせて音を立てた。

それは、心霊体験を豊富に持つ祖母と母親から仁奈さんが教えられてきた、万が一霊や物の怪やこの世ならざるものに出会ってしまったときの対処法であった。まずは丁寧に帰ってもらうようお願いをし、それでも彼らが言うことを聞かない場合には、大きな声と音で追い払うのだと。

直後、サンルーフを覆いつくしていた生首たちがかき消えた。

何ごともなかったように、小さな星がちらつく穏やかな夜空が広がる。

「……そろそろ、帰ろうか」

冷めた口調で、運転席の彼が呟いた。車内には、気まずい空気が満ちている。無理もない。彼には何ひとつ見えていなかったのだ。いいムードで繋いでいた手をいきなり振りほどかれ、ドスの利いた声で叫ばれたら困惑もするだろう。

言い訳をする雰囲気でもなく、結局それからは会話も弾まぬまま、自宅アパートまで送ってもらいあっさりと別れた。

「問題は『去《い》ね』をどんな風に彼が聞き取っていたかですよね。『いいね！』だったらまだしも、もしかすると『稲！』だと思われたかもしれませんよね。何しろあの頃の私は、北陸の米どころから上京したての田舎娘でしたから」

さすがにそれは、彼もたまげますよねと、仁奈さんは苦笑した。

その後、彼から誘われることは二度となかったという。

繰り返す。

仁奈さんは、幽霊を憎んでいる。

漆黒の影

「影が、黒いんですよ」

気になることがあるのだと話を聞かせてくれた京子さんは、当然とも思える台詞から切り出した。ここからどのように話が広がっていくのか。

「いや、影は普通黒いでしょう?」の言葉を飲み込み、続きを待つ。

京子さんには、二十歳を迎えたお嬢さんがいる。自宅からT県内の大学に通う学生さんだが、本来ならば東京への進学を夢見ていたそうだ。明るく家族思いのお嬢さんであったのに、受験の失敗が理由なのかすっかり性格が変わり、高校卒業以降家族と会話を交わすことがほとんどなくなってしまったという。

京子さんのご自宅のお風呂場は、浴室と脱衣所が独立した一般家庭用のタイプ。浴室の扉は中折れ式で、スモークがかった樹脂パネルがはめ込まれている。誰かが浴室を使用している場合は、そのパネル部分にシルエットが浮かぶ。シルエットといっても、ぼんやりとした輪郭の淡い人影であるはずなのに……

「娘の影が、異様に黒いんです」

不安げな声音で、京子さんは語る。

家族が入浴中、洗濯が済んだ皆の下着をしまうため、京子さんが脱衣所に入ることが多々ある。入浴中の家族がシャワーを利用していると、その影はうっすら扉に映る。曇天の空のような薄い墨色で、なんとなく人型であるのが分かるか分からないかのシルエットだ。ご主人の影も、ご長男の影もそう見える。以前のお嬢さんもそうだった。

しかし、現在——

お嬢さんの影は黒い。「漆黒」という言葉がふさわしいほどに黒い。黒いだけではなく、お嬢さんの姿とは思えないような巨大な体躯の影が、くっきりと扉に映り込むのだ。

「ちょっと！　大丈夫!?」

はじめてその影を見た際には、不審者が忍び込んだのではと、京子さんは大きな声を上げてしまった。だが返ってきたのは、

「何よ。用が済んだら早く出てってよ」

不機嫌丸出しの、いつものお嬢さんの声だった。

もしや自分の見間違いか思い過ごしかもと、お嬢さんが入浴中、京子さんはこっそりと脱衣所を覗くようになった。湯船に入っているのか、影が見えないときもある。以前と変わらず、ぼんやりとした薄い影のときもある。

しかし、何回かに一度は、真っ黒な大きな影がはっきりと、扉の向こうに存在するのだという。

「何か、悪い前兆だったりしたらどうしよう」

声を震わせる京子さんに、「大丈夫だよ」の言葉はすぐには出てこなかった。

キラキラ

絹江さんが二世帯同居をするお姑さんは、傘寿《さんじゅ》＝八十歳を過ぎても心身ともに健康で、十年以上前に連れ合いであるご主人を亡くしてからも、二度目の独身生活を謳歌するように充実した日々を送られていた。ヨガに俳句、フラワーアレンジメント、そして一番熱心に通っていたのは、ご主人が亡くなる以前から参加していたコーラスのシニアサークルであった。

週二回公民館を借りて、六十代から八十代までのシニアが集まり、童謡や唱歌などの懐かしい歌を歌って楽しむ。人が人を呼び、サークルのメンバーは三十人以上在籍していたが、毎回集まりに参加するのは十人強のいつもお馴染みの顔ぶれであった。

二年ほど前、長らく病気療養していたサークルメンバーの七十代の男性・Y氏が、めでたいことに活動復帰を果たした。脳梗塞で倒れ、一週間近く意識不明に陥っていた重症であったが、左手に少々麻痺が残るものの、生活にはほとんど支障がないまでに回復を遂げた彼を、メンバーは大喜びで迎えた。だがしかし——

「○○さん、最近なんだかとっても輝いているねぇ」

ある日いきなり、Y氏がそんなことを口にした。

「いやぁ、綺麗だ。綺麗だ。内面から輝いている。実に素晴らしい」

べた褒めされた○○さんはまんざらでもなさそうであったが、お姑さんはじめ周囲の人間は困惑した。以前のY氏は、無口でおとなしい性格で、自分の意見を述べることはほとんどなく、ましてや異性を手放しで誉めるなどあり得なかったからだ。

「病気をすると、性格も変わるって言うしね」

当初お姑さんは、そんな風に考えていたのだが……。

その○○さんが急死した。既往症もなく、健康そのものだったのに、死因は入浴中の心臓発作であった。

それから数か月後、また他の女性メンバーが急死した。自宅の階段から落下し、頭部を強打して病院に運ばれたが、その日のうちに息を引き取った。

お姑さん曰く、この亡くなった彼女にも、生前Y氏が、

「この頃、イキイキとされていますねぇ」

「見惚れちゃうくらいに、輝いていらっしゃるなぁ」

などと、繰り返し褒め称えていたのを、多くのメンバーが目撃していた。

「なんだか怖くなっちゃった」

以前は意気揚々と出掛けていたコーラスサークルへの参加を、お姑さんは渋りだした。もし、次にY氏が自分を褒めてきたとしたら……。まだまだ死にたくない、とお姑さんは訴える。

「いやだなぁ。気にしすぎよ」

亡くなったのはふたりとも、女性の平均寿命の年齢に間もなく届くかくらいの高齢者だった。人は誰もがいずれ死ぬ。人生の終焉を間近に控えた人物が立て続けに命を落としたとしても、それはただの偶然だと、絹江さんはお姑さんを説得した。こんなことを理由に引きこもられては、お姑さんの心身の健康状態に悪影響であると。

お姑さん自身も、やはりサークルの場が恋しくなってか、ぶつぶつ言いながらも再び通うようになった直後、今度は男性メンバーのひとりが亡くなった。メンバーには伝えられていなかったが、癌の治療中だったらしく、突然死というわけではなかった。なのにお姑

さんは、その男性が入院する前に、

「Y氏はずっと、彼のことをチラチラと見ていた。視線で追っていた」

そう言い張った。

――Y氏には、死ぬ人が発するオーラが見えている。

サークル内に、あっという間にそんな噂が広がり、メンバーは皆、Y氏と目を合わさずに避けるようになった。週二回の会合の、欠席者も増えた。とてもじゃないが、楽しくお歌を歌いましょうだなんて雰囲気にはならなかった。そんなある日、

「私、辞めます！　私が辞めれば皆さん安心するんでしょう？　辞めます！　辞めさせてもらいます！」

公民館の会議室で、いきなり立ち上がったY氏が叫んだ。

「あぁ、皆さん輝いているなぁ。キッラキラだなぁ」

投げやりな態度で、そんな捨て台詞を残して、Y氏はその場を去った。

以降サークルは参加者が激減し、更にコロナの流行もはじまり、休会のまま現在に至っている。

「次は絶対私だわ」

口癖のように呟き、自宅に閉じこもり嘆き暮らすようになってしまったお姑さんに、絹江さんも家族も困り果て、

「心労と運動不足で、病気になってしまうのでは」

と、頭を抱えているそうである。

おしゃべりなあの子

コミュニケーション・ロボットの需要が高まっているという。

音声認識機能によって会話を成立させ、人間とコミュニケーションを取ることができるロボット。新型コロナウイルスの流行によって、気軽に人と会って話すことが難しくなった状況下で、対話と癒やしを求めて購入する人が多いのだとか。二足のロボット型や犬や猫のぬいぐるみ型など形態も多種多様であり、価格帯も幅広い。

高齢者の間で人気なのは、小さな子どもの姿をした「おしゃべり人形」のタイプである。高度な人工知能（ＡＩ）を搭載しているわけではないので、可能なのは簡単な会話のみになるが、その分お値段も手頃なため、なかなか会いに行けないひとり暮らしや介護施設に入居する父母や祖父母に贈る人が急増し、販売数が大きく伸びているのだそうだ。

商品名を「まいちゃん」と仮称させていただく。

四歳の女の子という設定の「おしゃべりまいちゃん」は、高齢者向けの音声認識人形として一番人気のシリーズで、「おはよう」や「おやすみ」の挨拶をしてくれたり、誕生日にはバースデーソング、そのほか季節に合わせた童謡なども歌ったりしてくれる。お下げ髪に赤いお洋服がよく似合う、実に可愛らしい人形である。

この「まいちゃん」にまつわる不思議な話を、幾つか綴らせていただく。

※　※　※

某病院の緩和ケア病棟で働く、看護師のYさんは語る。

「清田さんって男性がうちの病棟に入院してきたときに、娘さんが持ってきたんですよね、『まいちゃん人形』を。

ずっと奥さんが清田さんを自宅で面倒見ていたらしいんですけれど、介護疲れとかあったんじゃないですかね。おうちの階段を踏み外して、頭の打ちどころが悪かったのか、奥さんの方があっさり先に亡くなっちゃったんですよ。

娘さんは遠方に住んでいて、おまけに身体の弱いお姑さんと同居されていたので、うちで清田さんのケアをすることになったんですけれど。

『まいちゃん』はもともと、娘さんが奥さんにプレゼントした物だったんですよ。清田さん、随分と亭主関白な旦那さんだったらしくて、長年それこそ召使いみたいに支配されていたお母さんを、不憫に感じていた娘さんが、『自分がそばにいられない代わりに』って贈った人形だったそうなんです。それを今度はお母さんの代わりということで、清田さんに持たせたみたいで。

病室のキャビネットに飾ってあったんですけれど、意外に存在感のある大きな人形でしたね。清田さんも最初は『邪魔だ』『持って帰ってくれ』なんて娘さんに言ってたんですけれど、娘さんが『お母さんが大切にしていたまいちゃんに、なんてこと言うの』って酷く怒ったらしくって、渋々置いていた感じでした。清田さん、大分体力も落ちてしまっていて、娘さんと言い争う気力もなかったんだと思います。

おしゃべりする人形だって聞いていたんで、個室なら良かったんですけれど、清田さんが入っていたのは四人部屋の大部屋でしたから、電源はオフにするようにお願いしていたんです。だっていきなり喋りだしたら、他の患者さんが驚くじゃないですか。

なのに――。喋るんですよ、まいちゃんが。

私が聞いたのは、まだ陽も高いお昼過ぎで、清田さんの同室の患者さんを検温していたときです。

『ねぇねぇ、あそびましょう?』って。『まいちゃん』の声でした。

実は清田さんの『まいちゃん』を最初見たとき、ネットで調べてサンプルボイスとか聞いたんですよ。実家の母にどうかなって。よく言えばあどけない、悪く言えば舌足らずで媚びているような声で、私は愛着を持てなかったんですけれどね。

スイッチは切ってくださいってお願いしているのになぁとは思ったんですが、急いでいたので取り敢えずその場は放っておいたんです。で、夜勤のスタッフとの申し送りのときに思い出して、『あ、清田さんのお人形、電源切っとかなくっちゃ』ってボソッと呟いたら、スタッフの女の子のひとりが凄い顔してこっちを見てきたんですよ。で、私が『どうかした?』って尋ねる前に、『まさか、まいちゃんが喋ったんですか?』って食い気味に聞かれたんです。『うん、清田さんがスイッチ入れたままにしておいたのかね? 喋ってたんだよ』って答えたら、彼女『そんなはずありません』って言い張るんです。おまけに、『喋るはずありません。だって、電池を抜いたんですから、私』なんて言ってきたんです。

彼女が言うには、スイッチを切っているはずの『まいちゃん』が何度かおしゃべりをするのを聞いたので、電源を確かめたそうなんです。

『まいちゃん』のスイッチって、お尻の辺りのチャックを開けた中に入っている小さな機械に付いているんですね。で、ちゃんと電源はオフになっていたんですって。じゃあ声を聞いたときに限って、清田さんがスイッチを入れていたのかなと彼女は思っていたらしいんですけれど、考えてみれば清田さんは手に麻痺があるから細かいスイッチの操作なんかできないし、それどころかスイッチの位置すらも分かっていなかったそうなんです。

そこで彼女は、誤作動かもしれないと『まいちゃん』に入っていた電池を全部抜いたって言うんです。単三電池四本を。

今度は私が『そんなはずないでしょ』って言い返しましたよ。だって私、確実に聞いたんですから。『まいちゃん』の声を。

すぐに清田さんの『まいちゃん』を確認しに行ってみたら、彼女が言ったとおりスイッチはオフになっている上、電池ボックスの中身も空だったんです。

結局、一年も持たずに清田さんは亡くなりました。

亡くなるまでに何度か、同室の患者さんが『夜中、小さな女の子の声が聞こえる』って言ってたんですよね」

先に逝った奥さんの思いが、『まいちゃん』の声となって届いたのか。

果たしてそれは愛慕の念か、嘆きの呪詛か。

長年連れ添った夫婦の真意を、我々が知る術《すべ》はない。

※　※　※

こちらは、介護付き有料老人ホームで働く友人の体験談。

「金井さんっていう、女性の入居者さんがいてね。

新型コロナの影響で、うちのホームもご家族の面会が一切禁止になっちゃったんだけれど、差し入れというか物品のお渡しは事務局で預かってあげていたのね。で、その金井さんのお嬢さんが『お母さんが寂しくないように』って、おしゃべりができるっていう人形を持ってきたの。そうそう『おしゃべりまいちゃん』。鬱《うつ》や認知症の予防にもなるって評判なんだよね、あれ。

金井さん、ひと目見た瞬間に『まいちゃん』を『可愛い可愛い』って言って相当気に入っちゃったみたいで、ホームのどこへ行くにも抱っこして一緒に連れて歩いていたの。食堂やレクリエーション室、本当肌身離さずって感じで。

でもしばらくしたら、金井さんの『まいちゃん』、口のところだけが目立って汚れてきちゃったのね。髭みたいに見えて可哀想だから、気が付いたらスタッフが綺麗にしてあげていたんだけれど。そしたら金井さん『この子ね、夜中に勝手にお菓子を食べちゃうのよ』なんて言って、『ほら』って空《から》になったチョコとかおせんべいの袋を見せてくるの。おまけに『昨日の晩はね、この子のお友だちが遊びに来てくれたのよ』とか言い出してね。その『まいちゃん』のお友だちはたびたび現れるみたいで、

『あの子は今日はもう、帰っちゃったのかしら？』とか、

『ほら、今そこにいたでしょう？　青い服を着た男の子が』

なんて、言うようになったの。

でも金井さんのおばあちゃんってね、ちょっと認知症が出ていたから、恐らくお菓子も自分が食べたのに『まいちゃん』が食べているんだって思い込んでいたんだろうし、お友だちが見えたっていうのも、病気特有の幻視や幻聴だろうってみんな思っていたんだよね。だっていくら金井さんが本当の子どもみたいに『まいちゃん』を可愛がっているからって、人形がお菓子を食べたり、その友だちが遊びに来たりするわけがないじゃない。

でもね、金井さんの『まいちゃん』は、やっぱり特別だったんじゃないかなぁって感じたことがあったんだよね。

『まいちゃん』の代わりに自分でおやつを夜中にたくさん食べていたからか、金井さん、お腹《なか》が緩くなっちゃったのね。ちょっと症状が長引いてきちゃったから、整腸剤を服用するか往診の先生に相談しようってなったの。それが夜中のことだったから、翌朝まずはご家族に連絡しようと思っていたら、それより先に金井さんのお嬢さんの方から電話があったの。

『母に変わりはありませんか？』って。

ほんと絶妙なタイミングで。

そんなことが続けてあったの。『この子の好物なのよ』って言って、金井さん、それまで滅多に口にしなかったスナック菓子を売店で買い込んで、やっぱり自分で食べちゃっていたみたいでね。蕁麻疹《じんましん》が身体中に出ちゃったの。それが日中はなんともなくて、夜になって突然ぶわっと。

そのときは、まだ症状が出る前に娘さんから『母は元気ですか？』って電話があって、その夜にいきなり酷くなっちゃったんだけれど。

翌朝すぐに娘さんに連絡すると、娘さん『……やっぱり』なんて言うのね。え？　どういう意味？　って思ったら、娘さんがね、

『寝ぼけていたのかもしれないんですけど、夜中、枕元に〈まいちゃん〉が座っていたんです。もしかして、母に何かあったんじゃないかって』

って、それで電話をしてきたって言うのよ。

金井さんのお腹の調子が悪くなったときのことも、娘さんの寝床に『まいちゃん』が現れて、『驚いて飛び起きるとすうっと姿を消したんです』なんて言ってきたんだよね。

幸い蕁麻疹も大したことなくて済んだし、今後はお菓子を大量に買い込まないようにスタッフも注意するようにしたから、それからは金井さんが体調を大きく崩すことはなかったんだけれど。そんなこと聞いちゃってからは、なんかお世話していても『まいちゃん』の視線がやたら気になるようになっちゃってね。

手ぇ抜いて仕事したら、娘さんにチクられちゃうんじゃないかって。もちろん、毎日ちゃんと心を込めてお世話しているけれど」

人形《ヒトガタ》をした物には、念や魂が宿りやすいと聞く。

『まいちゃん』が娘さんの元に現れたのは、人形を可愛がっていた金井さんの想いがそ

うさせたのか、なかなか会えない母を案ずる娘の念が人形を呼び寄せたのか、はたまた両者の心情が共鳴したことによって起きた現象なのか。非常に興味深い。

※　※　※

最後に、著者自身の話を綴らせていただく。

二〇二〇年初頭、実父が他界した。癌を患っていたのだが、あえて抗がん剤治療を選択せず、自宅で緩和ケアを受けながら晩年を過ごした。

定年後の再雇用で七十歳まで商社で働き、退職後は「自宅が一番」と家でゴロゴロしながら大好きなお酒に浸る日々だった。

友人も多く出掛けることが大好きな母と違い、お酒を買いに行く以外にはまるで外出しない父を気遣って、訪問看護の仕事をしている姉が購入したのが、利用者さんの間で話題になっていたという『まいちゃん人形』であった。

たまに実家に帰った際、父が「まいちゃん」と嬉しそうに人形に話し掛けている様子に、正直私は苦笑していた。『まいちゃん』は私が幼少の頃、自分をそう呼んでいた愛称と同じだったからである。

『まいちゃん』は、私だよ。

そんな風に、張り合う気持ちがあったのかもしれない。

父の死後、『まいちゃん』は変わらず父の部屋に鎮座していた。実家に寝泊まりして遺品の整理をしていたところ、『まいちゃん』がこちらが話し掛けなくてもいきなりひとりで喋り出すのが疎ましく、スイッチを切っておいたのに、突然歌い出したことがありたまげたが、単にそれは母が「寂しいじゃないの」と、私の見ていない隙に再びスイッチを入れていたからだった。しかし――、
その日は姉と一緒に、父の部屋を片付けていた。癌が進行していたにもかかわらず、自分はまだまだ長生きするんだと豪語していた父は、身辺を生前整理しておこうといった考えは一切なかったようで、ため込んだ郵便物やら山積みになった本や雑誌やらを整理しながら、姉と共に父の思い出話に花を咲かせていた。そこへ――、
すぐ近くで、口笛の音が聞こえた。

続いて『まいちゃん』の、「ねぇねぇ、口笛上手でしょう?」と話し掛けてくる声も。

姉とふたり、その場で凍りついた。

『まいちゃん』が口笛で吹いたメロディーが、まだ我々姉妹が幼かった頃、酔うと父がギターを抱えて歌っていた、アメリカのカントリーミュージックの一節だったからだ。

父は趣味でカントリーのレコードを蒐集していた。聞くだけでは飽き足らず、自らギターを演奏し、その曲は特にお気に入りで、酔っぱらうと深夜だろうと構わずに気持ちよさそうに歌い口笛を吹き鳴らしていた。

日本ではマイナーなジャンルの音楽を、『まいちゃん』が奏でるなんてあり得ない。姉と私、どちらかひとりだけが聞いていたのなら、聞き間違いや思い込みとも考えられる。しかし、我々はふたりして聞いていた。

「……あの曲だったよね？」

「うん。あの曲だった」

とはいえ、聞こえたのはほんの数小節。似たような曲を「あの曲」と勘違いしたのかもしれないと、翌日私は『まいちゃん』を製造・販売する会社の「お客様相談センター」に問い合わせてみることにした。
・『まいちゃん』に録音されている「おしゃべり」や「歌」のリストのようなものはあるか？　そして、

・『まいちゃん』が口笛で吹く歌のレパートリーは？　の二点を。

担当者の方は、それは丁寧な対応をしてくださった。まずリストに関しては、「お客様が『まいちゃん』と対話する時間が増えていくことで、おしゃべりの数も多くなっていくんですが、どんなおしゃべりをするかはそのときのお楽しみということで、すべてを公表はしていないんです」

そう回答をいただいた。八百単語、二十曲が『まいちゃん』には内蔵されているとのこと。その中に、口笛の曲は何曲あるのかの質問にはこんな答えが返ってきた。

「『まいちゃん』、確かに口笛は吹けるんですけれど、メロディーはまだ奏でられないんですよね。同じ音を二回『ヒュー、ヒュー』と吹いて、『上手でしょう？』って聞いてきます」

じゃあ、父のお気に入りのあの曲が聞こえた理由は？　ストレートにそう聞きたかったが、取り敢えず遠回しに「ちょっと変なことをお尋ねしてもいいですか？」と前置きをしてから、質問を続けた。

「『まいちゃん』に登録されているはずのない、利用者さんの個人的な情報に関する内容を、『まいちゃん』が喋ったなどの問い合わせって他にはありませんでしたか？　若しくはスイッチを切っていたのにまいちゃんが喋ったとか、知らない間に動いていたとか（『まいちゃん』は音声のみの対応で、動くタイプのＡＩロボットとは異なる）」

電話口の担当者さんは、声に戸惑いも出さずに即答された。

「『まいちゃん』とお客様との繋がりが深くなるにつれ、様々なお付き合いの仕方ができるようになるのだと当方は考えております」

「ある」とも「ない」とも断定しない、実に抽象的な回答であった。

実家の近くに住んでいる姉は、その後実家を訪れた際、搭載されているバージョンの『まいちゃん』の口笛も聞いたという。

それは、「口笛なんて呼べないくらいの、つたない吹き方」であったらしい。

やはり私たちが耳にしたのは、父の口笛であったのか。

陽気で軽やかなメロディーは、今でも耳に残っている。

保育園にて

理香子さんは男子二児の母。息子さんらが幼少期通っていた保育園は、親世代も通園していたというお子さんもいる、その地域では歴史のある、児童も職員の数も多い大規模な園であった。

仕事が終わり園にお迎えに行った際、時間があるときは、体力のあり余った息子たちを園庭でしばらく遊ばせていた。同じように我が子を遊ばせている顔見知りのママ友たちと雑談を交えながら、視線の端で子どもたちの様子を追う。危ない遊びをしていないか、誰かと喧嘩をしたりしていないかと。

理香子さんの長男は、クラスの仲のいい子とサッカーボールを追っていた。次男坊の壮太君の姿は、園庭のはずれに見つけることができた。プールの周りに張り巡らされたフェンスの手前に、植え込まれた生け垣。大人の胸ほどの高さしかないが、小さな壮太君は生け垣の向こうに回り込んでしまうと、姿が見えなくなってしまう。見失ってはいけないと極力気に掛けていると、壮太君の他にも、もうひとり子どもの姿が目に留まった。

伸ばした髪を二つに結んだ、赤いスカートの女の子。

生け垣を、ジグザグに走って遊ぶ壮太君のあとを、追いかけるように駆けていく。

（……誰のお子さんだろう？）

走る足取りもまだおぼつかない、壮太君と同じ三歳児くらいの女児だ。園庭にいるお母さんたちは皆、理香子さんと同じ男児兄弟のお母さんだったから、彼らの妹ではないはず。だが自分たち以外に、園庭には他の保護者の姿は見当たらない。

「ねぇ、あの女の子知ってる？」

小さな子が、ひとりきりで遊んでいることが気になった理香子さんは、一緒にいたママ友ふたりに尋ねた。が、

「え？　どの子？」

と、ふたりとも首を傾げる。

「壮太君って、結構ひとり遊びが好きだよねぇ」

そう言って、ママ友たちは笑う。どうやら彼女たちには、理香子さんが指さす方向に、

少女の姿が見えていないらしい。

「ねぇ見えない？　赤いスカートの、髪を二つ結びにしている子」

そう伝えても、ふたりはぽかんとしている。

どうして？　イラつきつつ、もう一度視線を生け垣の方へ向けた理香子さんは——

（……えっ？）

その先に見えた光景に、思わず息を呑んだ。

植え込みを縫うように走り、木の陰に見え隠れしているとばかり思っていた赤いスカートの少女が、走りながらその身体が薄くなったり透明になったり、そしてまた鮮明な姿になったりと、まるで映像のように消えたり現れたりを繰り返していたのだ。

何かがおかしいと感じた理香子さんは、すぐさま次男坊の元へと走り出した。

「壮太っ！」

名前を叫ぶと、息子は嬉しそうに駆け寄ってくる。

「あのね、あたらしいおともだちができたの！　いっしょにあそんでいるの！」

目を輝かせてそう告げてくるが、彼が言う「あたらしいおともだち」の姿は近くにない。

「お友だちって、女の子？」

「うん！　おんなの子のおともだち！」

辺りをぐるりと見回しても、理香子さんにはその子の姿が見つけられない。

彼女は、どこに行ったのか？

「その子、もう帰っちゃったのかな？」

理香子さんが尋ねると、壮太君はこう答えた。

「いるよ。ママのうしろ」

息子が指さした先を振り返ると、そこに少女が立っていた。

赤いスカートの、髪を二つに結んだ少女。

およそ子どもとは思えないような憎悪に満ちた表情で、理香子さんをじっとりと見上げている。

「ご、ごめんね、今日はもう帰らなくちゃ」

この場にいてはいけない――。

少女の視線に、背中に冷水を浴びせられたような感覚を覚えた理香子さんは、反射的に壮太君を抱え上げると、逃げるようにその場から立ち去ろうとした。

「ダメだよ。ずっといっしょにあそぶって、やくそくしたんだから。かえらない！」

肩口で叫ぶ次男坊の声は聞こえないふりをして、長男の元へと走る。

「さぁ、帰るよ!」

息子たちを連れて園庭を飛び出す直前、少女がいた場所を振り返った。刺すような視線をこちらに送っていた少女は、理香子さんが見ている目の前で、吹き消されたロウソクの炎のように一瞬で見えなくなった。なのに――、

「ばいばい! またね!!」

次男坊はいつまでも、誰もいない生け垣に向かって手を振り続けていたという。

※　※　※

思えば赤ちゃんの頃から、壮太君は少々不思議な行動をする子であったそうだ。

誰もいない場所をじっと見つめていたり、おしゃべりがはじまると、何もない空間に向かって話しかけていたり。

(この子は、普通の子には見えないモノが見えているのかも)

そう感じることが幾度もあった。

たとえば、こんな出来事があった。

「ちょっと、お伝えしたいことがあるんですが……」

理香子さんが園にお迎えに行くと、壮太君の担任の先生が深刻な表情で声を掛けてきた。

その日のお昼寝の時間、突然壮太君が大声で泣き出したという。

「痛い、痛い、痛い、痛い、痛い!!」

何ごとかと駆け付けた先生が見たのは、

「かまれた！　かまれた！　痛い！　痛い！」

狂ったように泣き叫びながら片足を押さえる壮太君と、彼を不思議そうな顔で見つめる数人の児童。これだけの大音量の騒ぎの中でも、まだまどろんでいる児童もいた。

「どこ？　見せて？」

先生は即座に、壮太君が押さえていた足を調べた。お昼寝用の布団にムカデや蜂が入り込んでいたのだとしたら、一大事である。緊張が走った。

「あれ？　なんともなっていないよ」

幸い壮太君の足には、虫の噛み跡や刺し傷のような痕跡もなく、赤く腫れたりもしていなかった。

「かまれた！　おともだちにかまれた!!」

壮太君はそう言って泣きじゃくるが、もちろん人の歯型などもついていない。恐らく寝ぼけているのだろう。

「怖い夢を見ちゃったんだね。もう大丈夫だよ」

慰める先生の手を振りほどき、壮太君は叫ぶ。

「かまれたの！　おともだちにかまれたの!!」

念のためと先生は、

「誰か、何か知ってる？」

と、起きている児童に尋ねた。子ども同士のいざこざでないといいな、と願いながら。

すると――、

「知らない子がね、そうたくんの足をかんだの」

壮太君の隣の布団の女児が、怯えた声で告げた。

「知らない子？　他のクラスの子かな？」

先生の質問に、女児は首を横に振って否定する。そして、

「あそこから出てきた」

教室の壁を指さした。扉でも、窓でもなく、ただの壁を。その壁の向こうは、備品室として使用している普段は無人の部屋である。

「……で、その子はどこに行ったの？」

尋ねる先生に、女児と、そしてようやく落ち着きを取り戻したかに見えた壮太君が答えた。

「消えちゃった」と――。

「えー、なんなんでしょうね？　ふたりして同じ夢でも見たんですかね？」

毒虫に噛まれた様子も、誰かの噛み跡があるわけでもない息子の足を確認し、理香子さんは事態を大げさにとらえずに笑顔で対応したが、

（やっぱりこの子は、霊的なモノに反応しやすい子なのかも）

と、実際は複雑な心境であったと語ってくれた。

※　※　※

「あの保育園は、『でる』らしいよ」

息子さんたちが卒園したあとに、理香子さんはそんな噂を耳にする機会があった。

小学生になった壮太君のクラスで知り合ったママ友が、件の保育園で臨時職員として働いており、世間話の流れで壮太君の「不思議な体験」を語った際、ここだけの話と理香子さんに告げた。

広大な敷地に立つその保育園は平屋建ての構造で、中央のエントランスから左右に長い廊下が延び、それぞれのクラスが並んでいる。

三歳児以上のある程度年齢が上の子どもたちには、「廊下を走ってはいけません」と指導していたが、○歳児クラスのハイハイをはじめた赤ちゃんたちの場合は、時々「ハイハイレース」と称して、その長い廊下で遊ばせることがあった。

廊下の端に立って子どもたちを呼ぶ先生の元まで、元気に這ってくる赤ちゃんが多い中、何人かの子はピタリとゴールの手前で動かなくなってしまうのだという。そして、突然火が付いたように泣き出す子も。

更に、この「廊下レース」のヨチヨチ歩き編に参加する一歳児クラスの子どもたちの中にも、決して廊下の端まで進まない子がおり、おしゃべりができるようになった子のうちには、その廊下の隅を指さして、

「こあい（怖い）、こあい」

と、泣きべそをかく子もいるという。

その廊下の端に面した部屋こそが、壮太君の足を噛んだ「おともだち」が、壁から現れそして消えた備品室であった。

備品室には、入園式や運動会、発表会などの季節の行事に使用する用具や衣装のほか、下準備を施した工作を保管しておくことがあった。たとえば、三月のお雛様、五月の鯉のぼり、お月見、クリスマス、季節に合わせた工作の、組み立てなどの難しい部分は先生たちが作り、あとは子どもたちが色を塗ったりシールを貼ったりするだけの簡単な仕上げで完成できるように、事前に準備をしておくのだ。

子どもたちの人数分作っておいたはずの未完成のその工作が、いざ作業の時間になると、数が足りなくなることが頻繁にあった。備品室は、しっかり施錠されていたにもかかわらずにだ。そんな事象が何度か続いたため、先生方は下準備の段階で、工作の数を少し多めに用意するようにしていた。

「あれで遊びたい子が、あの部屋にはいるみたいだからね」

ベテランの先生がそんな風に話していたことを、臨時職員のママ友さんは深く記憶していた。

（そういえば、壮太が赤いスカートをはいた女の子と、一緒に遊んでいた生け垣の隣って、あの備品室じゃなかったっけ）

話を聞いて、理香子さんは妙に納得がいったという。

※　※　※

歳月は流れ、理香子さんのふたりのお子さんは社会人として働くまでに成長した。

仕事帰りに壮太君は、現在でも地元で人気のその保育園の前を通った際、子どもの笑い声を耳にしたことが幾度かあった。

建物の明かりも消えて真っ暗で、日付けも変わるかの深夜だというのにだ。

「笑い声ならいいんじゃないかって、壮太は言っているよ。子どもがすすり泣いていたりしたら、可哀想だけどってね」

ちなみに園の長い歴史において、不運な事故や病気などで、園児が亡くなったという経緯はないそうである。

「子どもが集まる賑やかな場所だから、そういうモノも集まってきちゃうのかもね」

それが、当の保育園に関しての理香子さんの見解である。

草刈り婆

理香子さんは愛犬家である。ご自宅では、黒柴の「麻呂《まろ》」君が家族の一員として大切にされている。

麻呂君は十歳を過ぎてシニア犬となった頃、定期健診で加齢による腎臓疾患が見つかった。そのため、夜間の尿漏れ防止を考慮して、寝る前に散歩へ連れ出し、排尿をさせることが日課となっていた。

理香子さんのご自宅周辺は、藪や林の多い居住地で、ご近所のお宅は点々と離れた場所に建っている。日中であれば、緑豊かな道程を気持ち良く散歩ができたが、街灯の数も少ないため夜はめっきり寂しくなる。

大体午後十一時頃に自宅を出て、二十分ほど近所を回ってから戻るのだが、治安のいい地域であったので、女ひとり（と犬一匹）の夜間の外出でもさほど問題はないと、理香子さんは考えていた。

「今日ね、変わったおばあさんを見たのよ」

ある日の夜の散歩を終えた理香子さんは、自宅のリビングにいた次男坊の壮太君に開口一番報告した。

「こんな夜中にね、草刈りをしていたの。鎌を持って」

誰かに話して、ことの異常さを共感したかった。

理香子さんの自宅前は緩やかな坂道になっており、そこを上っていくと右手に線路をまたぐ橋がある。その橋を渡り、線路向こうの道をぐるりと回って自宅へと戻ってくるコースを、理香子さんは夜の散歩ルートにしていた。車の往来が少ない道であり、橋の上から夜の闇に浮かぶ線路を眺めるのも好きだった。

その橋の手前の道路の左手には、竹藪が広がっていた。老婆はその竹藪で草刈りをしていた。後ろ姿ではあるが、腰と背中の曲がり具合、そしてその身体の小ささと昔ながらの農作業服姿には、確実に老いが感じられた。太陽はとうに沈んでいるのにもかかわらず、大きなつばの付いた帽子を被っているので、顔の様子は全く見えない。何より街灯が遠い位置で灯っているので、辺りは闇に近かった。

それなのに、老婆は懸命に草刈りの手を動かしている。

果たしてこんな暗がりで、手元が見えるのか？　危なくはないのか？

不審に思った理香子さんの心中を察してか、老婆に向かって麻呂が吠えた。敵意を露わに、何度も吠えた。それでも耳が遠いのだろうか、老婆は振り向きもしないどころか手も止めない。奇妙に感じながらも、吠え続ける麻呂をなだめ、老婆に背を向け散歩を続けた。

「それ、もしかして橋のところの竹藪？」

「そう。見たことあるの？」

壮太君は、ズバリ場所を言い当てた。週末などには、壮太君が麻呂の夜の散歩を買って出てくれることがあった。その際にも、深夜に草を刈る老婆がいたのだろうか？

「あるよ。でも、あんまり関わらない方がいいよ」

「どうして？」

「俺も気になってさ。何度かあの婆さんに声を掛けたんだよ。そしたら――」

そう言って、壮太君は着ていたシャツをめくって左腕を見せた。

「どうしたの⁉　それ！」

手首から肘にかけて、一筋の切り傷ができていた。既にかさぶたになりかけており、深い傷ではなかったが、見るからに痛々しい。

「まさか、あのお婆さんにやられたの!?」

持っていた鎌で、切りつけられたというのか。傷害だ！　警察に通報だ!!

「それが、よく分かんないんだよね」

愛する息子を傷つけられて、怒り動揺する理香子さんとは反対に、壮太君は妙に落ち着いている。

「お婆さんの顔は見た？　知ってる顔だった？」

絶対に許さないと、鼻息荒く質問する理香子さんに、壮太君は驚きの回答を返した。

「見ていないよ。だって、顔、なかったもん」

そのときの状況を、壮太君は以下のように続けた。

散歩の途中、麻呂が突然立ち止まり、暗い竹藪に向かって激しく吠えはじめた。野良猫か何か小動物でも潜んでいるのかと目を向けると、畑仕事姿の老婆が鎌を手に下草を刈っている。

「こんばんは」

麻呂にこんなに吠えられているのに、背を向けたままの老婆が気になり、自分も大きな声で呼び掛けた。

「こんばんは！」

ざわざわとした薄気味悪さを覚えはじめてはいたが、老婆が振り向いて明るく「はい、こんばんは」と答えてくれることをどこかでまだ期待していた。

「日中は日焼けしちゃうからね。夜に草刈りしているのよ」

そう笑ってくれる姿を想像していた。しかし――、
鎌を振るう老婆の手がふと止まり、ゆっくりと頭がこちらに動き出した。帽子の陰に隠れた顔が、もう間もなく見えるかと思ったが――。

振り向いた老婆の、帽子の下は空洞だった。夜の闇より暗い「黒」が、そこにあった。

瞬間、早送りの動画のように、顔のない老婆があり得ないスピードで、鎌を振り上げ自分の方へ飛び掛かってきたかに見えた。

「やめろっ！」

壮太君は、愛犬を傷つけられてはならないと、咄嗟に麻呂を抱え上げ、自らの身体で守った。

続けて攻撃が来るのではと、反撃に備えて身構え顔を上げると、目の前から老婆の姿が消えていた。ほんの一瞬、目を離しただけなのに。走り去る足音も聞こえなかったのに。

左腕に痛みを感じ、目をやる。いつの間にか大きな切り傷ができていた。すっぱりと開いた長い傷口に、ぬらりと血が滲んでいる。

鎌でやられたのだろうか？　しかし腕に残された赤い筋はそれほど深手ではなく、紙や葉っぱで指を切ったときのような切り傷にも見える。

「大丈夫だよ。帰ろう」

心配そうに飼い主の顔を見上げ、鼻を鳴らす麻呂に声を掛け、壮太君は家路へと向かった。

「だから、もし見掛けても放っておいた方がいいよ。放っておけば害はないから」

理香子さんが目撃する以前に、深夜に草を刈る老婆と既に何度も遭遇していたと、壮太君は言う。そして、もちろん警察に通報する必要もないと念を押された。

壮太君によると「アレは、どう考えても『あっちの住人』だから」だそうだ。

幼い頃から、壮太君は普通の人には見えないモノを見てしまう傾向があった。

成長するにつれて、「変なモノを見た」という報告が減っていたのは、見る機会が少なくなったからではなく、あまりにも日常的な現象となっていたため、いちいち話すことが面倒になってしまったからだという。丁度思春期の反抗期とも、重なっていたのだろう。

「今夜もいたよ」

麻呂の夜の散歩に、壮太君が出掛けた際、数回に一度ぽつりとそんな報告を受けた。理香子さんは早々に、夜間は竹藪の横を通る散歩コースはやめていたのに、壮太君は相変わらずそのルートを使っているようだった。「放っておけば害はない」と。

ところがある日、

「草刈り婆さん、いなくなった」

大して思い入れのない近所の店が閉店したかくらいの軽いノリで、壮太君が告げた。

ある時期を境に、竹藪にお婆さんの姿が一切見られなくなった。それは、竹藪のすぐ横の橋で、飛び降り自殺が起きた時期と同じ頃だった。

だが亡くなったのは、老婆ではなく三十代の男性であった。

「何か、関係があるのかな？」

理香子さんの問いに、壮太君は素っ気なく

「知らね」

とだけ答えた。

壮太君曰く、「あっちの住人」の事情など、こっちには分かるはずもないらしい。

ずっとそばに

前出の理香子さんは愛猫家でもある。

むしろ独身時代に実家では、ずっと猫と暮らしていた。現在も、黒柴の麻呂と共に二匹の猫を家族とし、保護猫活動にも積極的に参加している。動物たちの存在は、彼女の人生にとってなくてはならないものなのだ。

そんな理香子さんが、愛犬・麻呂を連れて、時折訪れる広い公園がある。T県を流れる川沿いの広大な敷地の園内を、多くの愛犬家が散歩コースとして利用している。理香子さんも麻呂と一緒に通ううちに、大型犬から小型犬、様々な犬種の飼い主さんと顔馴染みになり、挨拶を交わすようになっていた。

ある日の夕方、麻呂を連れて訪れた公園で、広い園内の道先に見慣れた背中を見つけた。散歩仲間のSさんである。定年直後の品のあるダンディなおじ様で、足元には彼の愛犬だったジョンによく似た、こげ茶色の犬が嬉しそうに跳ね回っている。本当によく似ている。だが、ジョンであるはずがない。数か月ほど前、ジョンは内臓系の病で享年十歳で亡くなったと聞いていた。以来しばらく、公園でSさんを見ることはなかった。ではあの犬は、新しい飼い犬だろうか。大きさからして成犬だ。寂しさのあまり、ジョンに似たワンちゃんをどこからかお迎えしたのだろうか。

そんなことをあれこれ考えながら、理香子さんは声を掛けようと足を速めた。

「Sさん、お久しぶりです」

後ろ姿で確信していたが、振り向いたSさんの顔を確認して安堵した。だが、

「あれ？」

直前まで、Sさんの足にじゃれついていたジョンに似たワンちゃんがいない。Sさんの陰に隠れているのかと覗いてみても、そこにはアスファルトの散歩道があるだけ。

「どうしました？」

動揺する理香子さんに、Sさんが不思議そうに尋ねる。

「Sさん、ジョン君にそっくりなワンちゃん連れていませんでした？」

理香子さんは、先ほどまで見ていた光景をSさんに告げた。Sさんの周りを跳ね回る、

ジョンによく似た茶色い毛のワンちゃん。

「……あれから、新しい犬は飼っていませんよ」

静かな笑みを浮かべながら、Sさんが言った。

「今日は近くまで来たんで、寄ってみたんです。ジョンを思い出しながら。そうですか、きっとジョンがいたんですね。嬉しそうでしたか。そうですか」

――会いたかったですねぇ。

Sさんの言葉が、理香子さんには泣けるほど染みた。


こんなこともあった。

建設業の事務所で働く理香子さんが月に数度打ち合わせで訪れる工場に、Tさんという女社長がいた。早くにご主人を亡くし、その遺志を継いで工場をしっかりと守り続けているパワフルな女性だ。

（あ、猫ちゃんだ）

Tさんの工場を訪れたある日、理香子さんは事務所の入口に、一匹の白い猫が丸まって日なたぼっこをしている姿を目撃し、胸を躍らせた。猫好きの当然の反応である。もっと近くでお顔を見たい。ウキウキしながら近寄ると、それが白い猫ではなく、ドア横に積まれた発砲スチロール製の保冷箱だったことに気が付いた。白いレジ袋を猫と見間違えたりするような、「猫好きあるある」だったのかと理香子さんは赤面した。

しかし、その白い猫ちゃんを、その後理香子さんはTさんの事務所で何度も目撃するようになる。あるときは白い布が掛けられた段ボール箱と、あるときは事務所の窓のレースのカーテンと、その都度見間違えるものは違っていたが、いつも同じ白い猫ちゃんだった。最初は寝ていた姿の猫ちゃんは、徐々にこちらをじっと見つめてくるようになった。だがやはり、近寄ると猫としては見えなくなり、元々の無機物に姿を変えてしまう。

「私、ここに来ると、いつも白っぽい物を白猫ちゃんに見間違えちゃうんですよねぇ」

事務所でT社長と打ち合わせを終えたあと、雑談の中でそれを伝えた。すると、日頃豪快なT社長が、突然ハラハラと涙を流し、理香子さんを驚かせた。

「それ、ウチの子よ。まだ近くにいるのねぇ」

T社長の愛猫は、数か月前に虹の向こうへと旅立っていた。白い毛並みが自慢の、美人さんだったという。

亡くなった日を尋ねると、丁度理香子さんが工場で白い猫を見間違えるようになった頃であった。

その話をT社長に告げてからは、理香子さんはその場所で白猫を見ることはなくなった。

「お役御免、だったのかなぁ」

理香子さんは、感慨深げにそう語った。


「そういえば、高校生の頃にもこんなことがあったわ」

ペットにまつわる二つのエピソードを聞かせてくれたあと、思い出を辿るようにして、理香子さんは更に昔の出来事を話してくれた。

高校に上がってできた友だちの家に、はじめて遊びに行ったときの話だ。

友だちの自室で、クラスメイトの話、好きなミュージシャンの話で盛り上がっていると、理香子さんの視界の高い位置に、ふと水色の「何か」が横切る気配を感じた。

「どうかした？」

部屋の上方を気にする理香子さんを不思議に思ったのか、友人が尋ねてきた。

「うん、気のせいかな。なんか部屋の中に飛んでない？　水色っぽいヤツ」

正直に感じていたことを告げると、友人は目を丸くして固まった。

「……何で知っているの？」

友人がこの部屋で大切に飼っていたセキセイインコが亡くなったのは、もう何年も前のことだという。今でもふとした瞬間に、可愛いインコの姿を思い出し懐かしんでいた。恋しさのあまり、時折部屋の中に亡くなったインコの羽ばたく姿を見たような気がしていたが、それはきっと自分のインコへの愛ゆえの幻影だろう、そう思っていた。

「やっぱり、いるんだね」

インコの存在を知らないはずの理香子さんの言葉に、友人は大切にしていたペットが今でも自分の近くにいてくれることを確信し、目を潤ませた。

「でも、肝心のウチの子たちは、ちっとも現れてくれないんだよねぇ」

現在はお空の上にいる歴代の猫ちゃんたちが、姿を見せてくれないことに、理香子さんはいささか不満そうであった。

だがしかし、ダンディなS氏や、女社長のTさんらも、自分の目では見られなかったことを考えれば、理香子さんには認識できずとも、猫ちゃんたちは彼女のそばに今でも寄り添っているのではないだろうか。そうであってほしいと、心から思うのだ。

大きく見える

美緒さんは小学校四年生の頃、はじめて泊まりがけのキャンプに参加をした。キャンプと言っても、川で水遊びをしたり飯ごう炊飯やキャンプファイヤーを楽しんだりするような、自然と親しむためではなく、近所の進学塾が開催した、とにかく勉強に集中することのみを目的とした夏季合宿であった。ゲームもテレビも一切排除。空気と水の綺麗な静かな山奥のキャンプ場で、勉学のみに打ち込む。美緒さんが参加を希望したわけではない。娘の有名私立中学への入学を切望する母親が勝手に申し込み、仕方なく参加させられた催しだった。

キャンプ場には研修用の施設があり、授業や勉強そして食事や入浴はその場所で行い、宿泊はバンガローを利用した。炊事設備や浴室、トイレすらもない簡易な木製の小屋。二台の二段ベッドが壁沿いに設置された四人定員のバンガローに、美緒さんを含めて三人の女子が割り振られた。ふたりの女子は友だち同士のようで、何の相談もなく早々に出入りのしやすい下段のベッドを占領し、美緒さんは選択の余地もないまま上段のベッドを使わざるを得なかった。

組まれた木材がむき出しの天井が目の前に迫り、狭苦しい上にまだ陽も高いのになんだか薄暗いベッドの上段。こんなところで、ひと晩過ごさなければならないのか。木材の陰の暗闇に、何か潜んでいたらどうしよう。考えただけで憂鬱になった。

就寝時間になり、歯を磨こうと屋外の水場に向かった。並んだ銀色の蛇口の近くに置かれていた、淡い茶色の見慣れない物体に目が留まった。タオル？　スポンジ？　それが何かを確認しようと目を凝らす。

「ひぃっ」

正体が分かったとたん、美緒さんはその場に凍り付いた。

茶色い物体は、子どもの腕ほどあるような巨大な「ナメクジ」であった。とてもじゃないが近くに寄れない。なのに他の子どもたちは普通に近づき、水道を使っている。全身に鳥肌が立つわ足もすくむわで、美緒さんは（ひと晩ぐらいいいだろう）と歯磨きを諦めバンガローへと逃げ帰った。

巨大なめくじの恐怖を誰かと語り合いたくても、美緒さんはひとりでキャンプに参加していた上に、内向的な性格ゆえ気軽に知らない子に話し掛けることもできなかった。

早く帰りたい。

かび臭く湿った寝具のベッドの中で、それだけを念じた。

消灯時間が過ぎて、どれくらい経っただろう。おしゃべりをしていた同室のふたりも静かになり、いつの間にか寝息が聞こえてきた。なかなか寝付けず、おまけに催してきた尿意が抑えきれなくなって、美緒さんはベッドを出た。トイレは屋外にしかない。ナメクジのいた水場を見ないように走り抜けて、トイレの小屋へと向かった。

小屋の前には、二メートルほどの高さの木が立っていた。自分の顔よりも大きい白い葉っぱが、発光しているかのように闇夜に浮かんでいる。珍しい木だなと思ってよく見ると、それは葉っぱではなく、何匹もの巨大な白い「蛾」が枝にとまっている姿であった。トイレに行きたい。でもあんな虫の大群の前は通りたくない。通りすがりに、一斉にあの薄気味の悪い蛾が飛び立ちでもしたら、きっと失神してしまう。途方に暮れていた美緒さんに、

「どうしたの？」

と、声を掛けてくれた人がいた。塾のスタッフである若い女性だった。

「蛾が怖くてトイレに入れない」

そう告げるが、スタッフの女性は「どこ？」と不思議そうな顔をしている。

「あそこ」

指をさして教えても、女性は首をひねっている。あんなに大きい蛾なのに、なんで分からないの？　美緒さんは内心激しく苛立ったが、内気な性格ゆえ言葉にできない。

「ついて行ってあげるから、一緒にいこう」

女性に手を引かれ、目をつぶって蛾がとまった木の前をやり過ごし、なんとか用を足すことができた。白い蛾に見えたのは自分の目の錯覚で、本当はやはりただの白い葉っぱなのではないかと、もう一度勇気を出して木を振り返ってみると、そこにはやはり櫛状の触覚をさわさわと震わす蛾の大群が確かに存在していた。

半べそをかきながらバンガローに戻り、寝床に入った。

ふと、天井の隅の暗がりが動く気配を感じた。

よせばいいのに起き上がり、何が起きているのか食い入るように見つめた。

木材の陰で蠢いていたのは、拳《こぶし》よりも大きな蜘蛛が何匹も集まり塊となった姿だった。

美緒さんはベッドを飛び出し、バンガローの玄関の床に膝を抱えて座り、毛布を被って朝まで過ごした。

（キャンプなんて、二度と来ない）

心に、固く誓いを立てて。

忘れてしまいたい一夜であったが、自宅で再び悪夢を思い出す羽目になった。キャンプに持って行ったリュックに、虫の死骸が入り込んでいたのだ。リュックは正に蜘蛛がいた場所の真下に置いていたので、いつの間にか潜り込んで荷物で潰されたのだろう。よく見ると虫は蜘蛛ではなく、バッタに似た昆虫・カマドウマであった。特徴的な縞模様は、ベッドの天井にいた巨大な虫と酷似していたが、その死骸は小指にも満たない大きさであった。

大人になって「不思議の国のアリス症候群」という疾患があることを知り、キャンプでの出来事はそれだったのではと美緒さんは考えるに至った。「物が大きく見える」脳神経の病気や精神的な問題が原因とされるその症状が、知り合いのいない全くのはじめての状況からくる緊張感で出てしまったのではないかと。

しかし数年前、母方の伯母が亡くなった際に、美緒さんは庭先で巨大なカラスほどの大きさの黒い蝶を目撃していた。

「実はあのとき、キャンプから帰った直後にも、母方の祖母が亡くなっていたんですよね」

美緒さんは語る。

更に一昨年、美緒さんの実母が他界された。

「母のときも、大きな蝶を見ました。オレンジ色の。派手好きな母らしいなって」

二回とも、近くに家族がいたのにもかかわらず、彼らには蝶の姿が見えていなかった。

「母方の家系の、それも女性が亡くなったときにだけ、見えているんじゃないかなって」

現在の美緒さんは、脳ドッグの結果も精神状態も良好である。

「また見えた際には、お伝えしますね」

そう約束をしてくれた。

地味な女

体験談は話してもいいが、身バレがないよう細心の注意を払ってほしいとのことで、敢えて提供者の仮名を立てず「彼女」の表記で綴らせていただく。

彼女は不倫をしていた。

相手は妻子ある男性。彼女にも夫も家庭もあったので、いわゆるW不倫だ。

そのような関係に至ったきっかけや経緯は記さない。よくある話と言えば話なので、ご想像にお任せする。

情事の待ち合わせは、ショッピングモールの駐車場。そこで男の車に乗り換えて、ホテルへと移動する。ショッピングモールもホテルも、数か所をランダムに変えて利用していた。目撃者の存在を考慮して。

事を終えて駐車場へ戻り、自分の車に乗り込む。そして何事もなかったように、自宅へ向かう。

お互い、家庭を壊すつもりはなかった。ふたりの間にあったのは、ストレス解消のスポーツ又はゲームのような、割り切った感情だけだった。

そんな関係を続けて一年余り。駐車場からの帰り道、彼女は愛車のフロントガラスの隅に、一匹の蛾がとまっていることに気が付いた。最初は枯葉が貼りついているのかと思ったが、よく見るとそれは、ギターピックのような形をした茶色い蛾が、ガラスにひしとしがみついている姿だった。

別段嫌悪感などもなく、「走っていればいずれ飛んでいくだろう」くらいの軽い気持ちで、そのまま車を走らせた。

思ったとおり、しばらく道を進み、赤信号で停車した際にフロントガラスに目をやると、蛾はいつの間にかいなくなっていた。

男と会うのは月に一回程度と決めていた。連絡も最小限。欲望のままに逢瀬を重ね、頻繁にコンタクトを取り合えば、すぐにボロが出て周囲に関係が知れ渡る。私たちは上手くやっていける。そう、信じていた。

（……またとまっている）

ある日の密会を終え、愛車のエンジンをかけたところで、フロントガラスに貼りつく蛾の姿が目に入った。

デジャブが襲う。

以前にもこんなことがあった。思い返すと一度だけではない。もう何回も、この蛾をいつもフロントガラスの左端に見掛けている。茶色いまだら模様の小さな蛾。それは何故か、決まって男と逢った帰り道に。家族と出掛けているときや、買い物に行った際には見た記憶がない。男と体を重ねた、その帰りの車でだけだった。

気のせいだと自分に言い聞かせたが、翌月の密会の帰りにも、いつの間にか蛾がそこにいた。まだ陽も高いのに。場所はあちこちに変えているのに。速度を上げて車を走らせたのに、その日は自宅近くまで蛾はフロントガラスにしがみついていた。

次の月には、乗り込む前に慎重に車の周囲をチェックした。あの薄汚れた蛾がとまっていやしないかと。

しっかりと確認したにもかかわらず、車を出してしばらくすると、視界の左端に蛾の姿を見つけた。

カッとなって、ワイパーをＯＮにした。

一瞬で蛾は粉砕された。フロントガラスに擦りつけられた、茶色い鱗粉と緑色の体液の痕に吐き気を覚えた。

その夜、男から連絡があった。「もう会えない」と。

理由も尋ねず、別れたくないとごねもせず、これが潮時と長く続いた不倫関係の解消を決めた。

後日、共通の知人から、男の妻が病に伏しているらしいと耳にした。自殺未遂を図って、寝たきりになったという風の噂も。

かつて一度、大して興味もなかったが、ちょっとした悪戯心が芽生え、男に「奥さんの写真を見せて」と乞うたことがあった。

跡形もなく潰してやったちっぽけな蛾のように、地味な女であった。

感情の読めない声で、彼女はこのように語った。

フロントガラスにこびりついた体液の痕は、なかなか綺麗に消えてくれなかったそうである。

南の島のハントゥ

東南アジアの南部に位置するインドネシアは、赤道をまたぐ島々からなる日本同様の島嶼《とうしょ》国家だ。島の総数は一万三千以上にも及び、三百を超える多民族を擁する。よって信仰される宗教も、イスラム、カトリック、プロテスタント、ヒンドゥー、仏教、儒教と多岐にわたり、更に国民は法令で、これらの公式宗教のいずれかに属するようにと定められている。

表向きにはそれらの宗派の信徒を名乗りつつも、人々の間では各民族に古くから根付く「精霊信仰＝アニミズム」も重んじられていた。インドネシアにおいては現在でも、魔術・呪術の文化が日常に深く溶け込み、魂や霊などの超自然的な存在も当然のように信じられているのだ。

「ハントゥが来ちゃったね」

インドネシアの民は、よくそんなことを口にするという。「ハントゥ（Hantu）」は現地の言葉で幽霊や悪霊・妖怪すべてをひっくるめた「お化け」を意味する。

奇妙な出来事、不思議な現象に遭遇した際、ごく自然にそれを「お化け」の仕業と判断するのは、彼らの精霊信仰に基づく考え方によるのだろう。


そんな前置きをして話を聞かせてくれたのは、ご主人の駐在に帯同してインドネシアの大都市・ジャカルタで数年間を過ごした友人・奈々子である。

好奇心旺盛な彼女は、現地の文化を学びたいと、駐在生活が落ち着くとすぐに「バリダンス」を習いはじめた。そして持ち前の社交性と明るさで、奈々子はたちまち多くの友人を得た。

ある日のレッスン後、駐在夫人の奥様仲間であるAさんのお宅にお茶に呼ばれることになった。

「お邪魔します」

Aさんの案内に続いて、奈々子もリビングへと向かう。すると、

「あれ？」

裏返ったような声を上げて、Aさんが立ち止まった。彼女の視線は、床に向けられている。何があるのかと奈々子も覗き見ると、大理石張りの床にマンホールの蓋ほどの大きさの水たまりができていた。

「雨漏り、って感じじゃないよね？」

見上げた天井に、その形跡はない。キッチンやトイレの水回りからは離れているから、水道管から洩れているようでもない。ぽつんとひとつ、透明な水をたたえた水たまり。

「……ああ、これもしかして『アレ』だわ」

独り言のようにそう呟いて、Aさんはモップを取り出し手早く床の水をふき取った。

「『アレ』って何？」

思い当たる節でもあるのだろうか。この土地特有の住宅事情的な理由なら、是非ジャカルタ暮らしの先輩であるAさんからご教示願いたかったが、

「お茶のときに、ゆっくり話してあげる」

と、Aさんは思わせぶりな口調で答えた。そして——

「実は昨日ね」

紅茶を満たしたティーカップを前に、改めてAさんは、家の中にできた水たまりについ

て語ってくれた。

「お友だちとランチに行ったんだけれど、そのお友だちのおウチにも、ある日突然水たまりができていたって話を聞いたのよ。彼女のおウチはパントリー（食品等の貯蔵室）の床に、買い物から帰ったら水が溜まっていたんだって。ウチと同じで、天井も水回りも水漏れはしていなくて、そこ一か所だけに。

でね、それと全く同じ話を、その子も現地の友だちから三日前に聞いていたんだって。その現地の方が言うには、この水たまりは『うつる』らしいの」

――「うつる」。

咄嗟に奈々子が脳内で変換した文字は、「映《うつ》る」であった。無意識のうちに「伝染《うつ》る」と考えないようにしたのは、自分も目にした「水たまり」が、伝播する怪異の類だと認めたくなかったからである。

奈々子の意に反して、Aさんのご友人宅、そしてAさん宅に突如現れた「水たまり」は、その話を聞いた人を追いかけるように伝染《うつ》っているのだと説明された。遡るとAさんのご友人以前にも、その方が知る限り数件、この現象は続いていたとも。

現地のご友人曰く、これぞ正しく「ハントゥ」の仕業らしい。水たまりは、拭いてしまえばその家には二度と現れることはなかったし、そんなに悪質な「ハントゥ」ではない。スコールにあった「ハントゥ」が、ちょっと雨宿りに来た程度であろうと。

「だからもし奈々子さんのおウチに同じことが起きても、そんなに心配しないでね」

Aさんにはそのように言われたが、奈々子は内心ビクビクしながら自宅へと戻った。

自宅に異常はなかった。しかし、翌朝目覚めて寝室を出ると——

リビングの床に、水たまりができていた。洗面器程度の大きさ。無色透明な水。Aさん宅のよりもひと回り小さいサイズであったが、それ以外は全く同じ水たまりだった。

昨夜奈々子はご主人より遅くまで起きていて、今まだ彼はベッドの中だ。彼が何かをこぼしたわけではないだろう。

ハントゥが来た。

そう奈々子は直感した。

何か伝えたい思いがあるのか、それとも悪戯めいた行為なのかは分からない。けれども、水たまりの連鎖は確かに続いている。

よく見ると、最初に目についた水たまりの端から、点々と二つほど更に小さな水たまりが、床に続けて残されていた。まるで、その場にいたびしょ濡れの何かが何処かに移動したように……。

不思議なことに、実際体験してみると、恐怖よりも、この国で信じられている超自然的な力を、目の当たりにできた興奮が勝ったという。

奈々子が好奇心旺盛な人物であることは先に書いた。よせばいいのに彼女はこの話を、駐在仲間の別の友人に「ちょっと聞いてよ」と電話で伝えた。すると、

『ホント、やめてほしいんだけど』

その翌日、友人から半泣きの声で連絡があった。彼女の家の場合、外出先から戻った玄関の入口に楕円の形をした水たまりができていたというのだ。

『私は絶対、他の人に話したりしない』

奈々子の行為を責めるかのように友人は口にし、それを実行した。

「水たまりのハントゥ」の連鎖は、奈々子の周辺では一旦そこで幕切れとなった。

『この話を日本に帰ってきてからするの、はじめてだわぁ』

二〇二一年、数か国に及んだご主人の駐在が終わり日本に帰国した奈々子に、彼女の住む東京が二度目の緊急事態宣言下にあったため、ネット通話で体験談を聞かせてもらった。

果たして、「一旦」の続きが派生するか否か。海を渡って、ハントゥが筆者の家に現れるかどうか。

通話を終えた直後は、背後や床ばかりが気になった。我が家にも、水たまりが突如出現するのではないかと。

結果として、水たまりは現れなかった。

しかし、三日ほど過ぎた晩のことだ。風呂上がりの次男坊が、首をひねりながら何か言いたげな顔つきでリビングに顔を見せた。どうしたのかと問えば、

「風呂にさ、黒くて丸いクラゲみたいなゴミが浮かんでいた」

などと言う。

「すくって捨てようとしても全然すくえなくて、ムカついてかき混ぜたら消えちゃった」

両手で作った輪っかくらいの大きさの浮遊物だったと、次男坊は語る。

「風呂釜が汚れていたのかもねぇ」

クラゲほどの大きさのゴミが風呂釜から出てくるワケがないのだが、咄嗟にそう誤魔化した。

風呂＝水＝水たまり＝ハントゥの来訪。

そんな図式が、頭に浮かんだからだ。

無理にでも奇妙な現象同士を結び付けて、そこに因縁めいたものを見出そうとしてしまうのは性分であろう。話に聞いた伝播するハントゥは、風呂に浮いたりしない。それに彼《か》の地に現れたのは無色透明な水であって、黒く濁ったりもしていない。関係などあるはずがない。きっとただの汚れだ。

誰かにそれを肯定してほしくて、私は当の奈々子にメッセージを送った。『水たまりの話を聞いたあとに、我が家のお風呂に謎の黒い浮遊物が現れたんだけど、無関係だよね？』と。

すると『関係があるかどうかは分からないけれど、【黒い浮遊物】で思い出した話がある』との返事があった。

再びネット電話で、彼女から聞かせてもらった話を以下に綴る。

友人・奈々子は、前述どおりインドネシア在住時、バリダンスを習っていた。

リゾート地としても人気が高く、コロナ禍以前には日本からも多くの観光客が訪れていた、東西に延びるインドネシアの国土のほぼ中心辺りに位置するバリ島。「神々の島」など称されるこの島では、「バリ・ヒンドゥー」に根付いた伝統文化が数多く存在する。二〇一五年にユネスコ世界無形文化遺産に認定されたバリダンスも、そのひとつに当たる。

宗教上の儀式や冠婚葬祭の際には必ず踊られるというバリダンス（バリ舞踊）には様々な種類があり、観光客の前で披露される芸術的要素が強い舞踊もあれば、バリ舞踊の根源である神に捧げる奉納舞踊としての要素を今なお色濃く残す舞踊や舞踊劇もあった。

奈々子がバリダンスを習っていたスクールでは、そういったルーツも踏まえて教えてくれていたので、生徒たちはバリの宗教観を重んじつつ日々レッスンに取り組むことができた。

バリの伝統舞踊の中には踊り手の身体に神を降臨させて、病気や災害を追い払う悪魔祓い的な舞踊があるのだが、神に近い踊りだからこそなのか、スクールで踊る奈々子たちにさえも、実際に「何かが降りてくる」瞬間があるという。

彼女の言葉によると、踊りに熱が入ると、頭も身体も「空《くう》」の状態になるのだそうだ。「無の境地」や「トランス」に近いものなのかと問うと、それとは違って「空《くう》」という表現が一番近いらしい。

「その『空』の状態に入り込んできた『何か』って、神様ってこと？」

我が友が、神を宿した！　と、興奮して尋ねると、

「いや、あれはそういった類ではないと思う」

苦笑いで、友は答えた。

「空」状態の奈々子に入り込んだ「何か」は、本来なら左に動かなければいけない振り付けなのに右に移動させてきたり、自分の意志とは全く違った動きをさせる「悪戯」をしてくるというのだ。

「恐らく、あれも『ハントゥ』の仕業だったんじゃないかな」

レッスンが終わると、先生も交えて仲間とよく記念撮影をした。その際、「空」状態になったレッスンの日には、決まって写真に無数の白い「オーブ（光球）」が写っていたという。

しかしその白いオーブが、異様なまでに真っ黒な状態で写真に写り込んでいたことがあった。

それはスクールが、島の海辺の砂浜で、特別レッスンを開催した直後に撮影した写真であった。青い空と海の大自然のもと、達成感に満ちた表情で並ぶメンバーの周りに、黒く禍々しいオーブが幾つも浮かび、明らかに人の顔とおぼしき物体も黒々と漂っていた。

「黒色のオーブは、現世に未練が強く残っている証」

現地の方である舞踊の先生は、スマホで撮影したその画像を見て、そう仰ったそうだ。

「この辺りの海岸沿いでは、仕方がないことかも」とも――。

我が国同様環太平洋火山帯に位置するインドネシアには、百を超える活火山が存在し、頻繁に地震が発生する。

過去には、マグニチュード九・一の巨大地震が引き起こした大津波が、周囲一帯の海岸を襲い、各国併せて約二十三万人、うちインドネシア国内だけでも十六万人以上もの死者・行方不明者が出た悲劇も起きている。

海岸に現れた黒いオーブたちは、今も彷徨《さまよ》う被災者たちの魂であろうと。

画像はその場で削除した。

皆で手を合わせ、鎮魂の祈りを捧げながら。

「だから、その浮遊物が黒かったっていうのは、ちょっと気になるね」

含みを持った言い方で、奈々子は続ける。

「何かの強い想いが、ウチのお風呂に現れたってこと？　まさか海を越えてハントゥが？」

奈々子たちの自宅に、突如出現した水たまりが、強力な念となって国境を越えたとでも？

「それは確かめようがないけどね。でもあんたみたいに怖い話を書いたりしていたら、『この人なら分かってもらえるかも』って、寄ってくることもあるんじゃない？　日本のハントゥが」

現地のイントネーションで奈々子が発する「ハントゥ」の響きには、恐れよりもむしろ親しみのような物を感じてしまうから不思議である。


さて、ここまで書き記したものを、内容に不備がないか奈々子に確認をお願いしたところ、

「こうやって二つの体験談を文字に起こしてもらって、改めて気づいたんだけれど」

そう言って、奈々子は更にひとつの考察を述べてくれた。

「ジャカルタの家にできた水たまりをさ、友だちは『スコールにあったハントゥが雨宿りに来た』って言っていたけれど……、もしかして、あれも津波で亡くなった人たちのハントゥだったとも考えられない？」

全身を海水で濡らし、立ち尽くす影を想像する。流浪する魂。哀しみのハントゥ。

ふと胸に去来したのは、学生時代奈々子と共に礼拝の時間に歌った讃美歌の一節だった。

どうぞ、安らかにお眠りください。

たとえ信じる神が異なろうとも、心から捧げる彼らへの追悼の意には、変わりがないと信じている。

夜に舞う

前章で、踊り手の身体に神を降ろすバリ舞踊の話を書いた。

世界各国には、「神」とのかかわりが深い舞踊が数多く存在する。ハワイのフラダンス、日本の神楽や盆踊り、インドネシアを含む東南アジアの国々、インドやタイ、ビルマなどの民族舞踊も、「踊り」が神様との交流手段のひとつとなっている。新しいジャンルでも、ストリートダンスの一種である米国ロサンゼルスで生まれた「ＫＲＵＭＰ（Kingdom Radically Uplifted Mighty Praise)」には、「Ｐｒａｉｓｅ＝神への賞賛」というキリスト教の精神が根底に存在している。

次に綴る体験談も、そんな「ダンス」にまつわる話だ。

二十代の会社員・春菜さんは、小学生の頃からダンススクールに通い、一時期はプロのダンサーを真剣に目指していた。大学時代にはダンスサークルに入り、チームを作ってダンスイベントやコンテストに積極的に参加していた。

女性三人のガールズヒップホップチーム。胸や腰、身体のラインを強調したセクシーな女性らしいダンスを売りにしたチームであった。

ダンスの練習は、鏡のあるスタジオを借りるのがベストであったが、毎回のこととなるとレンタル代もバカにならない。多くの若いダンサーたちがそうであったように、春菜さんのチームも公園や路上などの街中で練習を重ねていた。

深夜によく使っていたのは、東京S区のとあるオフィスビルの一角だった。ガラス張りの大きな窓を、鏡代わりに使うのだ。

その日も夜遅くに集まりイベントのためのナンバーを、三人で繰り返し練習していた。

「A美、振りが遅れているよ。もう一回返そう」

今回のナンバーは春菜さんが振り付けを担当したので、彼女中心に練習が進んだ。回を重ねていくうちに、ガラスの鏡に映るメンバーのA美の踊りに違和感を覚えた。テンポはずれるし、振りも間違っている。いつもはミスの少ない彼女らしくない。

「そう？　自分では分かんなかった」

疲れているとか、具合が悪いとか、そういった様子は見られない。いつものA美だ。

「じゃあ、せっかくだから頭から」

人気《ひとけ》のない深夜のオフィス街ではあったが、スピーカーのボリュームは最低限にして音楽をスタートさせる。ところが――

「A美、ふざけないで真面目にやろうよ！」

たまらずダンスを中断し、振り返り声を荒げた。センターで踊る春菜さんの向かって右に映るA美が、明らかにふざけて踊っていたからだ。振り付けとは全く関係のない、奇妙な動き。手足をロボットのようにカクカクとさせながら、首をゆらゆらと揺らす様子は、ふざけているとしか思えない。

「ふざけてなんかいないけど」

ムッとした声で、A美が反論する。おまけに、

「A美、どこかおかしかった？　私は気づかなかったけれど」

もうひとりのメンバーB子まで、A美の肩を持つ。気づかないだなんてあり得ない。あんなにも異様な動きをしていたのに。

「気ぃ取り直して、もう一回いこう」

重くなった雰囲気を払しょくしようと、B子が努めて明るい声を出してくれているのが分かった。イライラしていてもしょうがない。本番は近いのだ。気持ちを切り替えないと。

「OK。そうしよう」

深呼吸をひとつして、集中する。そこへ、

「待って。自分でも確認したいから、動画撮らせて」

スマホを地面に置いて、A美が撮影をはじめた。自分の言ったことを信じていないのか、と言うよりもあんなふざけた踊りをしたのをしらばっくれる気かと、またしてもイラっとしたが、声には出さず無言でプレーヤーをスタートさせる。

最初の数セットは、三人ともステップもフォーメーションも、完璧に踊れていた。しかし、曲の中盤になると、まずA美の動きが崩れてきた。グラグラと上体を揺らし、リズムを一切無視して、まるで酔っ払いのようにその場でふらつきだす。

(なんなのよ、A美ったら)

心の中で毒づきながらも、春菜さんはステップを止めずに、考えを巡らせた。

今回は、A美がビデオに自分で証拠を残しているんだから、「ふざけていない」なんて言い訳はできないはずだ。やっぱり、あとでちゃんと話し合おう。もしかしたら、自分が振り付けたこのナンバーに、何か不満があるのかもしれないし。

そんなことを思案しつつ、とにかく自分のダンスに集中していた春菜さんだったが、

（え？　どういうこと⁉）

ガラスに映った自分の背後のふたりの姿に視界を広げ、その光景に思わず立ちすくんだ。

A美だけではなくB子までが、ふたりでシンクロするように手足をカクカクさせながら、上半身をぐわんぐわんとしならせるようにして回転させている。ふたりの手足は、骨が折れていなければ不可能なあり得ない方向に動き、両目が異様な大きさに見開かれ、あごの骨が外れているとしか思えないほどに、口が縦に伸びている。あまりに不気味な光景に、春菜さんは動けないくらいの恐怖に襲われたが、

――ふたりに何かが起きている！　助けなきゃ‼

瞬時にそう判断し、背後を振り返った。

ガラス窓に映っていたA美とB子は、狂ったように謎の動きをしていたのに、振り返った瞬間、まるで自分が「だるまさんがころんだ」の鬼になったかのように、ふたりは動きをピタリと止めていた。人相が変わるほど伸びた口は閉じられて、ふたりの視線は何もない上空を凝視し、ほぼ白目の状態になっている。

にもかかわらず、ふとした気配に春菜さんが顔だけガラスに向けると、信じられないことにガラスに映ったふたりは、依然うねうねと身体を動かし続けているではないか。

「いやあぁぁぁっ!!」

目の前で起きた奇怪な現象に、春菜さんはたまらず叫び声を上げ、その場にしゃがみ頭を抱え込んだ。

どれくらいの間、叫び続けていただろうか。

「春菜！　春菜!!」

自分の名前を呼ぶ声にはたと冷静になり、恐る恐る顔を上げる。

「どうした？　具合悪い？」

A美とB子が、心配そうな顔で見下ろしている。猫目のA美にたれ目のB子。いつもと変わらないふたりだ。ガラスに映る姿にも、おかしなところは見られない。

動揺が収まらず、震える声のまま、今見た出来事をふたりに告げたが、ふたりとも、

「何言ってるの？」

と笑って、全く相手にされない。おまけに、

「春菜ったら、いきなり叫んだかと思ったらパニックになっちゃって、ホントびっくりし

たんだから」

　などと言ってくる。

「じゃあ、A子が撮った動画で確かめてみてよ」

　春菜さんはそうお願いしたが、動画は何故か真っ黒で、何も映されてはいなかった。

　動転してしまって、とてもそれ以上踊る気にならず、その夜の練習はそこでお開きとなった。


　この日をきっかけに、春菜さんはダンスから距離を置くようになってしまった。

「無我夢中で踊って、ふたりみたいに何かに取り憑かれたらと思うと……」

　他のダンサーが、陶然として躍る姿を見るのも、もしあの夜の仲間たちのように突然彼らが豹変して踊り狂いだしたらと考えてしまい、避けてしまっているとのことである。

「その程度で諦めるだなんて、大した夢じゃなかったんだろうって思います？　違いますよ」

　きっぱりと、春菜さんは告げた。

「それだけ、二度と思い出したくもない強烈な出来事だったんです」

チームのふたりは、趣味の範囲ではあるが、現在もダンスと関わっているそうである。
しかし、春菜さんからは一切、連絡を取っていないという。

離れ墓

将来、あなたが一族を助けることになるわよ――。

優佳さんは学生時代、友人に誘われて見てもらった、当たると評判の占い師からそう告げられた。

彼女は三人兄妹の末っ子で、両親の実家も「一族」などと呼ぶような大げさな家柄ではない。まるでピンとこない指摘をされ、「占いなんて当てにならないなぁ」と、当時の優佳さんは思っていた。そんな彼女が、

――もしかして、あの占い師が言っていたのはこのことだったのだろうか。

そのように考えを改めるまでに、数十年の月日が必要となった。

大学卒業後、優佳さんは就職した会社で出会った三歳年上の男性と職場結婚をした。

プロポーズを受け結婚の話が具体的に進みだすと、交際時には全く知らなかったのだが、

ご主人が地元でも有名な名家の出だということが判明した。

県を東西に走る国道沿いに建つ、巨大な日本家屋。広大な敷地に構える堂々たる門の向こうには、豪奢な母屋と大小幾つもの蔵が並び、桜に木蓮、銀杏に紅葉、歳月の流れを感じさせる見事な枝ぶりの様々な樹木が、季節を彩る。車で通るたびに横目で見ていたそのお屋敷が、ご主人の父方の本家だと聞かされたときは心底たまげたという。

「ほとんど本家とは、付き合いはないんだけどね」

結婚前に、ご主人からはそう聞かされていた。ご主人の父君は彼がまだ小学生だった頃に病気で早逝しており、義母は女手ひとつでご主人とそのお兄さんの男の子ふたりを育て上げていた。結婚式に参列してくれたのも、ほぼ母方の親戚であった。

しかし、入籍と挙式を終え、いざ新婚生活がはじまった最初の夏、

「毎年お盆には、全員で本家に挨拶に行く習わしなの」

何故だか申し訳なさそうに、義母が告げてきた。

結婚してはじめて迎えたお盆の時期、いつも遠くに見ていたお屋敷の門を潜り訪れたご主人の本家。間近で見るそれは、一層風格のある建物であった。江戸の寛政の頃に建てられたという庄屋屋敷は、そこに一歩足を踏み入れただけで、その荘厳なたたずまいに、思

わず居住まいを正してしまうほどだった。

亡き義父の兄も既に他界し、ご主人の従兄弟にあたる義父の兄の次男が本家の当主となっていた。本来家を継ぐはずだった長男は、事故で十代のうちに亡くなったと聞かされた。五人兄妹だった義父の一番下の弟は、幼少期に病死したとも。

義母やご主人が本家の話をあまりしてこなかった理由を、優佳さんは薄々気づきはじめた。

夫の家系は、男性が皆、早死にしているという事実に――。

「お義母さんによると、亡くなったお義父さんのお父さんも三十代で亡くなっていて、男の兄弟で還暦まで生きていた人はいないとかで」

縁起でもないと思ったが、「ただの偶然だ。自分は絶対大丈夫だ」と必死になる夫がなんだか可哀想になり、優佳さんは極力気にしないように明るく振る舞うことに努めた。悪いように思い込めば、良い運気も逃げていってしまうだろうと。

ひととおり挨拶を済ませ、一族全員でお墓参りへ出掛けることになった。

お屋敷からぞろぞろと国道を渡った目の前に、本家のお墓はあった。優佳さんの実家のお墓のゆうに十倍はありそうな広い一角に、どこの偉人かと思うほどの立派なお墓がそびえている。沢山の花にお酒にお菓子、野菜や果物の他にも煙草や缶コーヒーなどを大量に供え、お呼びしたお坊さんに読経をしてもらう、盛大なお墓参りであった。

本家に戻ると、女性陣に召集が掛けられた。全員で夕食の準備にかかるのかと思っていると、

「もう一箇所、墓参りをするところがある」

本家の大伯母様に先導されて、義母も含めた女性だけが向かったのは、国道を渡った本家のお墓から更に海岸沿いの通りへと進んだ先の、防風林に囲まれてひっそりと建つ小さなお墓であった。

古びた墓石に、そこかしこに生えた雑草。手入れが行き届いていないのが手に取るように分かる。先程まで手を合わせていた本家のお墓と比べると、雲泥の差だ。

草抜きも掃除もおざなりに済まされ、ほんの少し手を合わせただけで皆そそくさと帰り支度をはじめる。誰もが無言のままで、このお墓と先ほどのお墓の違いはなんなのか、ここに眠っているのはいったい誰なのか、何故女だけでお参りに来たのか、優佳さんの脳内に渦巻く山のような疑問も、尋ねることがためらわれた。

「あそこはね、本家のお墓に入れないご先祖さんのお墓なの」

男性が早死にするだとか、女性だけで行く墓参りだとか、本家に関しての謎や気がかりが増え、なんとなく無口になってしまっていた優佳さんを気遣ってか、義母がこっそりと教えてくれた。

あの「離れ」のお墓には、本家の血筋でも結婚しないまま生を終えた女性や、子どもに恵まれずに婚家から離縁された女性が弔われているのだという。

「口の悪い言い方だけれど、『行かず後家《ごけ》』とか『出戻り』さんのためのお墓なんだよ」

では何故、男性はあの墓のお参りに行かなかったのかと問うと、義母は更に声を落とした。

「『穢れた場所』だから、男が行ってはいけないんだってさ」

なんとも酷い話だ。古いしきたりか何か知らないけれど、この家では現代でもそんな差別的な風習を守っているのかと、優佳さんは正直うんざりした。

「ごめんね、でも年に一度のことだから」

義母も、本家のことをあまり快く思っていないようなのは、彼女の表情と物言いから想像できた。ここは割り切って付き合おうと、事を荒立てるような真似はせずに、毎年の本家への訪問を続けた。

ただし優佳さんは、本家の人たちには黙って「離れ」のお墓も毎回ちゃんと掃除と除草をひとりで丁寧に手掛けるようにしていた。二つの墓所に、優劣をつけるような真似をしたくなかったのだ。

結婚して五年目、優佳さん夫婦は待望の第一子に恵まれた。元気な男の子だった。

だが優佳さんは、手放しで喜ぶことができなかった。この数年の間に、本家をいずれ継ぐはずであったご主人の従兄弟の小学生の長男が、神経性の病《やまい》を患い、車椅子生活になった。従兄弟本人も大病が見つかり、余命数年を宣告されていた。そして、ご主人のお兄さんは、命に別状はなかったものの、交通事故で長いリハビリが必要なほどの怪我を負った。

目に見えぬ「不幸」が、夫と息子に忍び寄っているような気がした。

更に、優佳さんの悪い予感は、より現実的な状況で突きつけられる。

本家の大伯母様から、余命を宣告された従兄弟が他界してしまった場合は、分家の次男である優佳さんのご主人に養子に入ってもらい、本家を継いでくれとの打診が義母にあったというのだ。

もちろん、まだ従兄弟が存命のうちからそんな約束はできないと、義母は断ったが……。

「いずれ真剣に考えないといけないかも」

稼ぎ頭の父親を早くに亡くしたご主人の家族は、金銭的な援助を本家から受けていたのだという。なので、無下に断ることもできないのだと義母もご主人も口を揃える。

幼い息子の将来を案じ、離婚も考えた。でも、旦那はいい人だ。家族思いで誠実。「男子は早死にする」だなんていうただの偶然かもしれない現象だけを理由に、別れるなんてできるわけがない。

優佳さんが悶々と悩んでいる間にも、季節は巡りまた夏が来る。妊娠・出産でしばらく顔を出していなかった本家に、ある年の夏、三人家族となってはじめての訪問をした。

以前と同様に、全員で（闘病中の従兄弟、車椅子のお子さんを除く）本家のお墓と、女性だけで「離れ」のお墓参りをした。

「離れ」のお墓に手を合わせた瞬間、優佳さんは、

（ここに、息子を連れてこなければ。ご先祖様に会わせなくては）

猛烈な使命感に襲われたという。

「今すぐ一緒に来て。皆には内緒で」

優佳さんはご主人に「一緒に来ないのなら離婚する」とほぼ脅し同様の説得をし、息子さんを抱っこして、親戚、特に本家の人間には知られないよう、三人でこっそりと「離れ」の墓へと急いだ。

(皆さんの子孫です。どうかこの子の成長を見守ってやってください。お願いしますお願いします)

「穢れ」などと呼ばれ、隠すように弔われている女性たちへ、優佳さんは思いを馳せ、祈りを捧げた。

本家に戻ると、何故かすぐに「離れ」のお墓に息子とご主人を連れていったことが、親戚中に知れ渡っていた。「離れ」の墓から優佳さん家族三人が出てきたところを、近所の人に目撃されていたようだった。お屋敷に関する出来事は、すべてが筒抜け。それが当然の地域だった。

なんてことをしてくれたのかと激しく叱責されたが、優佳さんに後悔はなかった。かえって晴れ晴れとした思いで、どう言われようと毎年三人でちゃんと二つのお墓をお参りしようと決めた。しかし、

「罰が当たるわよ、絶対に」

大伯母様に吐き捨てられた言葉が、現実になったような事態が生じた。

その翌年の盆、例年どおり優佳さん一家は本家を訪れた。可愛い盛りの長男は、早くもひとり歩きができるようになっていた。

一族全員で恒例の本家の墓参りに出掛ける。このあとの女だけの「離れ」の墓参りが済んだら、夫と息子を連れてもう一度「離れ」を参ろう。優佳さんがそんなことを考えながら、本家のお墓の掃除に精を出していたところ――

ほんの一瞬目を離した隙に、息子の姿が見えなくなった。誰もが「ついさっきまでそこにいた」と気に留めていた幼い息子が、忽然と姿を消した。

親戚総出で辺りを捜索するが、見つからない。墓所を出ればすぐそこは、車が猛スピードで行き交う国道だ。ヨチヨチと道路に出て、車にはねられでもしたら……。

「ほら見なさい！　罰が当たったのよ。『離れ』に連れていったりしたから」

鬼の首を取ったように、大伯母様は優佳さんをなじった。

とにかく一旦屋敷に戻って警察に連絡しようと、本家へ戻ると――

仏間の畳の上で、息子が何ごともなかったようにスヤスヤと眠っているではないか。

親戚は全員、本家のお墓にいた。屋敷は無人だった。若干二歳の息子が、車の往来の激しい国道をひとりで渡って、この家に入ることなどできるはずがないのに。

狐につままれたような出来事ではあったが、優佳さんは息子の無事を涙を流して喜んだ。

そこへ、近所のご婦人が本家の騒動を気にしてか、様子をうかがいにやってきた。「実はね」と、眉をひそめながら彼女は言った。

「お宅のおチビちゃんの手を引いてね、着物を着た女の人が歩いていたのを見掛けたのよ」

情報通で、近所の家族構成はほぼ網羅しているという噂のそのご婦人が、目撃した女性のことを「知らない女」と称することに皆、疑問を抱いた。

「古めかしい地味な着物を着ていた」

という点も気になった。

誘拐だ、警察に連絡だと騒ぐ親戚たちを横目に、優佳さんは考えた。その女性は、息子を連れ去ったのではなく、道路に飛び出しそうになっていた息子を、安全な場所に連れていってくれたのではないか。そしてそれは、

――「離れ」の墓に眠る、「誰か」なのではないか。

もちろん常識では考えられないことだ。しかし優佳さんは、天啓のようにそう感じたと

いう。

居ても立っても居られずに、ひとりで「離れ」の墓へと向かった。

（ありがとうございますありがとうございます。皆さんのおかげで、息子は助かりました）

手を合わせ感謝の言葉を繰り返すと、両目から涙がとめどなく溢れてきた。けれど、気持ちはむしろすっきりと晴れやかだった。

本家に戻ると、大伯母様から「これから全員で、『離れ』のお墓をお参りする」という驚きのお達しがあった。

夫の話によるとこの突然の発言は、大伯母様と「見知らぬ女」を目撃したご婦人とが、屋敷の奥の部屋でふたりきりで何やら話し合っていたあとに出たものだという。

古いアルバムでも見せたのか、はたまた似顔絵でも描かせたのか。何らかの確信があったからこそ、大伯母様も、息子を救ってくれたのは「離れ」の墓に弔われた女性の誰かだと判断したのではないかと、夫は告げる。

それとなく尋ねても、大伯母様は言葉を濁すだけだった。

それでも「離れ」の墓に手を合わせる大伯母様は、いつになく真摯な表情で祈りの時間も誰よりも長かった。

その夏を境に、奇跡が起きた。

一生車椅子かもと言われていた従兄弟の長男の症状が改善し、杖を使えば自力で歩けるようになった。

余命数年と言われていた、当主である従兄弟の内臓を蝕んでいた病巣が急速に小さくなり、驚異的な回復を見せはじめた。

この奇跡を目の当たりにして、当主と大伯母様は、長年別の場所に祀られていた「離れ」のお墓を、しっかりと閉眼供養などの手続きを踏んで墓じまいをし、本家の墓所にご先祖様と一緒に埋葬できるよう新たにお墓を大きく建て直すことを決めた。

月日は流れ、当主は無事還暦を迎え、ご長男も結婚し将来本家を継ぐであろう男児に恵まれた。

男性が早死にするという本家の因縁を、いまや懸念する者はなく、優佳さんのご主人もお兄さんもそしてもちろんきっかけを作ってくれた息子さんも、元気に過ごされているそうである。

「あなたが一族を助けるわよ」

かつて、優佳さんが占い師から告げられた言葉どおり、

「私が、本家を救っただなんて考えるのは、おこがましいですかね」

そう語る彼女が、どこか誇らしげであったのが非常に印象的であった。

サヨナラのかわりに

「何か、不思議な体験談があれば、お聞かせ願えませんか？」

怪談を蒐集している。そう話すと、大抵の場合「霊体験とは縁がない」、「お化けの類なんて見たことがない」などと返される。だが、「不思議な話」という表現で尋ねると、「そういえば以前ね」と、「恐怖」とは少々異なる感情を伴った出来事の体験を、語ってくださった方が多くいらした。

それは、「肉親や親族、親しかった友人・知人」が、今際《いまわ》の際《きわ》に、若しくは亡くなられた直後に「枕元に立った」、「姿を見せた」、「声を聞いた」などの、いわゆる「虫の知らせ」とも言うべき体験である。

貴重なお話の数々の中から、特に印象深かった四つの体験談を綴らせていただく。

『犬の知らせ』

主婦の奈美子さんが、日課となっている愛犬の散歩をしていたある朝のこと。

道の先にひとり歩く、ワンピースを着た女性の後ろ姿が目に入った。白をベースに、色とりどりの小花がちりばめられた軽やかな布地。きゅっと締まったウエストから、ふんわりと膨らんだスカートラインのワンピース。遠目ではあるが、若々しく可愛らしいデザインであることが見て取れる。すると、

「ワン」

と、ひと声吠えたかと思うと、愛犬の歩みが突然早くなった。高齢のマルチーズ。散歩はあまり好きではなく、あくまでも健康維持のための日課であったから、普段はゆるゆると近所を歩くだけだったのに、この日はまるでお目当てのおもちゃを見つけたかのように、前を歩く女性めがけて、小さな体を弾ませていきなり疾走した。

愛犬がこんな風に活発に走るのも、奈美子さん以外の女性に興味を示すのも、どちらも非常に珍しいことだった。

繋いだリードを離すまいと奈美子さんも小走りになったが、不思議なことに前を歩く女性との距離は、電柱二本分程度を保ったままなかなか縮まらない。女性も走っているから

ではない。肩までの黒髪を乱すこともなく、彼女はゆっくりと歩いている。それなのに。追いつけないことに不満を覚えてか、いつもおとなしい愛犬が激しく吠えだした。道行く人は奈美子さんと前を歩く女性だけ。これほど大きく愛犬が吠えても、女性は立ち止まりも振り返りもせずに、滑るように歩みを進めていく。

ふと女性が、道の先の四つ角を左折した。当然のように愛犬は女性を追う。

四つ角にたどり着いた奈美子さんが、道を左に折れると――

ワンピースの女性は、姿を消していた。

そこは畑に沿った一本道で、住居も店舗も、立ち入れるような建物は何もなかったのに、だ。不思議な出来事ではあったが、奈美子さんは特に深く気にも留めずにいた。

しかし翌日、高校時代の親友が亡くなったとご家族から連絡があった。お互い嫁ぎ先が離れてしまった上、育児や介護と忙しく、長年年賀状のみの付き合いになってしまっていたため、彼女が闘病中だったということもはじめて知らされた。

押し寄せる哀しみの中、親友との思い出が溢れるようによみがえってきた。

(……あのワンピースだ)

そのとき、すべてが繋がった。

白地に花柄のワンピース。それは高校生の頃、親友とはじめておしゃれをして、都心に買い物に出掛けた際、彼女が着ていたワンピースだった。可愛くて女の子らしくて、そして親友にとても良く似合っていて、彼女が赤面するほどに褒めまくったことを、ついこの間の出来事のように思い出した。

(……昨日のあの女性は、彼女だったんだ)

何故、あのときすぐに思い出さなかったのだろう。どうして声を掛けて引き留めなかったのだろう。

後悔の念に駆られはしたが、

(それでも最後に、彼女は自分に会いに来てくれたのだ)

そのことが何より、奈美子さんの胸を熱くした。

「彼女もね、大の犬好きだったのよ」

涙声でそう語る、奈美子さんの口調には、深い哀歓が滲んでいた。

『鳥の知らせ』

同じく主婦の昭枝《あきえ》さんが学生時代、まだ実家暮らしをしていた頃の話だ。

春先になると、昭枝さんは毎朝鳥の声で目を覚ましていた。いや、目覚めるというより は叩き起こされていた。実家の二階にあった昭枝さんの部屋の、窓を開けた目の前に走る 電線に、何匹もの小さな灰色をした鳥がとまり、にぎやかに鳴きたてるのがその原因だっ た。

鳥の名は「ヒヨドリ」。五月から九月頃までが繁殖シーズンだとかで、この時期は「キー キー」と耳障り極まりないけたたましさで鳴くのだと、母親から教えられた。寝坊をしな くて済むのは助かるが、休日の朝にまで早い時間に叩き起こされるのは苦痛であった。

しかし、その日の朝は鳥の声より先に、目覚ましのアラームで起床した。

(珍しく、今朝は静かだな)

雨が降っているから、というわけでもない。レースのカーテンの向こうに見える空は、 青く爽やかな初夏の色だ。

ヒヨドリたちの定位置である電線の方へ目を向けると、彼らよりひと回り以上大きく黒 い影が、五つほど並んでいる。あの大きさや色からするとカラスか？　カラスが部屋の前の電線に、並んでとまっているなんて珍しい。ゴミ捨て場では「カアカア」と騒がしいカラスだけれど、随分とおとなしいな。

そんなことを考えながら、眠い目をこすりつつレースのカーテンを開けた昭枝さんが、電線の上に見つけたのは――

黒いスーツを着た、五人の「ちいさなおじさん」だった。

首を縮めて膝を抱え、まるで置物のようになったおじさんが、ちょこんと並んで電線に器用に座っている。眉間に皺を寄せ、じっと考え込むように両目を閉じたその顔には見覚えがあった。

母方の伯父・Nさんにそっくりな「ちいさなおじさん」が、コピーされたように五人、電線に並んでいるのだ。

自室の窓から見えるあまりにもシュールな光景に、昭枝さんは声もなくその場に立ち尽くし、ただただ視線だけは、五人のちいさな伯父さんに釘付けになっていた。

すると、一番左端にいた伯父さんが、手品のようにいきなり電線の上からふっと見えなくなった。昭枝さんがそれに「あっ」と気づいたかと思うと、左から次々に、二人目、三人目と、伯父さんがまるでスイッチで操作された映像のように順番に消えていく。四人目、

そして最後の伯父さんも電線から消えると、

「キー、キー、キキー」

今までどこに姿を隠していたのか、ヒヨドリたちが現れて、電線の上で大合唱をはじめた。

あまりにも奇想天外なこの出来事を、どうせ信じてはくれないだろうと、昭枝さんは家族の誰にも話さずに数日を過ごした。

その後、一週間ほどが経ち——

アジアの某国で単身赴任をしていた伯父さんのN氏が、現地で急死したと連絡が入った。ひとり暮らしの部屋で脳梗塞を起こし、連絡がつかずに心配した会社の人間が訪ねてくるまで気づかれず、発見された際には死後数日が経っていたという。

恐らく亡くなったと推定された日こそが、昭枝さんが電線の上にちいさな伯父さんたちを見た日であった。

遺体の搬送や手続きなどに時間がかかったのであろう。伯父さんのお葬式は、それから数週間ほど後に執り行われ、両親のみが参列した。

葬儀の際に、伯父さんが亡くなる前に姿を見せたなどという話は、伯父さんの家族からも親戚からも出なかったそうだ。

遠方に住んでいた伯父さんと昭枝さんは、親戚の法事で数回会った程度の関係だった。

なのになぜ、伯父さんは自分の前だけに現れたのか。

全くもって謎であると、昭枝さんは語った。

『族の知らせ』

五十代の篤史さんはＷｅｂデザイナーのお仕事を、イラストレーターの奥様と共に自宅で請け負っている。長年東京を基点として働いていたが、お子さんが独り立ちしたのを機に、北関東の山間部へ移住を決め、夏場は避暑地としてもにぎわう別荘地の一角に居を構えた。

それは、ある日の就寝中のことだった。

ふと目を覚ました篤史さんは、寝室の窓の向こう、遠くから聞こえてくる「ある音」に気が付いた。

爆走するバイクの、轟くような排気音。ブォンブォンという、空ぶかしさせて奏でるコールと呼ばれるエンジン音。そして、パラリラパラリラとにぎやかなミュージックホーンと呼ばれるラッパ音。

どこかで、暴走族の集団が走行している。

(……珍しいな)

ベッドの中で、まどろみながら篤史さんは考えた。この土地で暮らして数年、はじめての出来事だった。

(こんなところまで、走りに来る奴らがいるとは……)

国道までは距離のある、山あいの別荘地である。かといって、暴走しがいのある峠や山道が存在するわけでもない。

はた迷惑な、というよりも、懐かしいという気持ちが勝った。実は篤史さん、高校生の時分、やんちゃをしていた時期があり、週末になると仲間と繰り出し、愛用の単車で集会に参加していた過去があったのだ。

(どの辺りを走っているんだ?)

窓を開けて確かめる間もなく、バイクの走行音は数分のうちに消えてしまったので、篤史さんは特に気にもせず再び眠りに落ちた。

しかし、翌日も暴走するバイクの音が、篤史さんを眠りから目覚めさせた。

音は昨日の夜よりも、近くで聞こえる。

枕元の時計を見る。夜、と言っても、時計の針は午前四時を回っていた。外はまだ暗いが、明け方に近い時間であった。

不思議なことに、隣のベッドで眠る妻が、変わらず深い寝息を立てたままだった。いつも彼女は、ほんの少しの物音で目覚めてしまうのに。深夜の雷鳴、激しい風の音。篤史さんが全く気が付かずに眠りこけていても、妻だけは起きてしまうことが幾度となくあった。

なのに、自宅近くを走る暴走族の音に、妻は二日とも目覚めなかった。

翌朝、

「明け方、暴走族がうるさくなかった?」

篤史さんが尋ねても、

「え? 何の話? この辺に暴走族なんているの?」

と、驚いた顔で逆に質問される始末。

何かおかしい。

篤史さんがそう判断したのは、三日目の就寝時のことだった。

唐突に、バイクの爆音が響き渡った。窓の外からではない。篤史さんの耳元でだ。あり得ない現象に、思わず跳ね起きた。その瞬間、音はかき消えた。隣で眠る妻の布団に動きはない。

篤史さんの耳には、バイクのエンジン音と共に耳元で高らかに鳴った、懐かしい「ゴッドファーザーのテーマ」を奏でるホーンの音色が、いつまでも残っていた。やはり昨夜同様、明け方の出来事であった。

この現象は翌日には続かず、三日で終わった。その後、篤史さんは就寝時にバイクの音で目覚めることはなく、静かな夜を過ごした。

そしてそんな出来事も記憶から忘れかけていた、一年ほど経った頃——。

仕事の打ち合わせで東京に出た際、久しぶりに学生時代の友人と集まって飲む機会があった。そのメンバーの中に、かつてのバイク仲間のひとりがいた。

「おまえ、Aって覚えているか？」

仲間が出した名前に、すぐにピンとくる人物は思い浮かばなかった。しかし、「隣町の高校のひとつ下で」「額を鬼剃りにしていた」「兄貴のバイク乗ってたヤツ」等々のヒントを貫い、篤史さんはようやく、

「ああ、Aね。覚えてる覚えてる」

と、何度か一緒に走った記憶のあるひとりの後輩を思い出した。やけにとんがった威勢の良かったヤツだよなと、懐かしく感じていると、

「あいつ、死んだってさ」

声を落として、仲間が言う。

「……そうなんだ」

篤史さんの声も、沈んだものになった。自分より年下の人間の死は、なんとも辛いものがある。

「原因は？」

「バイクの自損事故。壁に激突したって」

「そうか。ずっとバイク乗っていたんだな」

篤史さんは、もう数十年も前に、就職して忙しくなった時点でバイクを手放していた。趣味のバイクに乗って逝けたのなら、Aは多少なりとも幸せであったのではないかと、無理にでも考えようとした。が――、

「原チャリで、新聞配達していた途中に事故ったらしいよ」

重い口調で仲間は告げた。Ａは持病を抱えていたため定職にはつかず、親戚縁者とも付き合いはなく、孤独に暮らしていたらしい。

事故で病院に担ぎ込まれ生死の境をさまよった挙げ句、数日後に亡くなったというＡの話を聞き、篤史さんはふと気になることを思い出した。

「それっていつの話？」

Ａが亡くなった日を尋ねると、それはほぼ一年前、篤史さんが自宅の寝室で、バイクの集団が走る音を数日にわたって聞いた時期と重なっていた。

「やっぱりアイツ、最期に思いっきり走りたかったのかもなぁって」

この件をきっかけに、篤史さんはもう一度バイクに乗ろうと思い立ち、若い頃に乗っていたＨ社製の中古バイクを手に入れ、休みの日はツーリングを楽しんでいるという。


『花の知らせ』


ある年の夏の終わり。

「Ｓ公園に行かなくちゃ」

その日の朝、嘉奈さんは唐突にそう思い立った。

S公園は、東京西部に位置する国営公園。広大な敷地には、プールやドッグラン、遊具にサイクリングコースなどの多種多様な施設が充実し、四季折々に咲く花々が、来園者の目を楽しませてくれる、都民の憩いの公園である。

「コスモスを見に行かなきゃ。すぐに。今すぐに」

焦りにも似た感情に動かされ、その日の予定はすべてキャンセルをして、S公園行きを決めた。神奈川県との県境に近い嘉奈さんの自宅から公園までは、同じ都内でありながら、電車を乗り継いでいくと一時間以上かかる。外はどんよりと曇り、お出かけ日和というにはほど遠い。九月のこの時期では、まだコスモスの花の盛りには早すぎる。

――それでも、今日コスモスを見に行くんだ。

固い決意の元、嘉奈さんはS公園へと向かった。

満開の際には、ピンクの絨毯のような見事な光景を見ることができる、メインである丘のコスモスは、やはりまだ花をつけてはいなかった。

広い公園を歩き回り、早咲きの黄色のコスモスが咲く原っぱの一角を見つけると、嘉奈さんは無我夢中で携帯電話のカメラに収めた。そして諦めがつかなかったメインの丘も必死に探して、日当たりの関係だろうか、見頃より早く花をつけていたピンクのコスモスもなんとか数本見つけ、それも写真に撮った。

撮影した画像はすぐに、メールに添付して友人に送った。

友人は闘病中で、長く入院生活を送っている。

以前お見舞いに行った際、退院したらやりたいことをふたりで話した。そのとき、「またS公園で、みんなとお花見をしたいなぁ」

そう、病床の友人は言っていた。「お花見と言えば桜？」と尋ねると、

「コスモスがいいな。コスモスが好き」

はしゃいだ声で、彼女は答えた。

ピンクが大好きな、いつまでも少女のような女性だった。


普段なら、その日のうちに返信のあったメールが返ってこなかった。具合が良くないのだろうか、写真も見られないほどなのだろうか。

気を揉みながら迎えた翌日、友人のご主人から連絡があった。数日前から容態が急変していた友人が、朝早くに旅立ったと——。

何かに憑《つ》かれたように、コスモスの花を見たいと思った理由が分かった気がした。
嘉奈さんが送った花の画像を、既に意識のなかった友人がなんとか感じ取ってくれれば
と、ご主人は友人の目の前に携帯ごとかざしてくれたそうだ。
「ちゃんと、見てくれたと思います」
ご主人からの言葉を、嘉奈さんは何度も噛みしめ、「そうでありますように」の願いと
共に、友の冥福を心から祈った。
コスモスの季節が近づくと、思い出す出来事であるという。

※　※　※　※

この世に別れを告げるとき、果たして私も誰かの前に姿を見せたり、存在を知らしめた
りするのだろうか？
その相手は？
方法は？
それは私の意志で、コントロールできるものなのか否か。

どれも死んでしまえば分かるはずもないことではあるが、非常に興味深い。
結果がどうであったか、是非関係者は墓前に報告に訪れるよう一筆残すつもりである。

著者あとがき

数多ある怪談本の中から本書をお選びいただき、誠にありがとうございます。

前作『誘ゐ怪談』は、投稿サイトに掲載していた怪談小説を交えた一冊でしたので、私にとりまして今作『貰い火怪談』は、はじめての「オール実話怪談本」となります。

実話怪談での単著のお話をいただいた際は、深くて広い「実話怪談」の海原《うなばら》（若しくは沼）に足を踏み入れることに少々不安もあったのですが、以前から体験談を提供してくれている友人・知人の心強い応援に支えられ、やるからには全力でと編んだ一冊がこの『貰い火怪談』であります。

体験者の皆様からお聞かせいただいた、お話に込められた様々な想いを、是非多くの読者に伝えたい。書籍を手に取って貰いたい。

そこで、自身でできる販促活動はないだろうかと模索し挑んだのが、竹書房Presents『怪談最恐戦２０２０』への出場でした。東京予選会、敗者復活戦の不死鳥戦の舞台に立ち、更に『怪奇蒐集者』『真夜中の怪談』のＤＶＤ出演という貴重な機会もいただけました。

「語り」と「綴り」。表現方法は異なりますが、どちらの場でも私の実話怪談における心情であります「Memento Mori（メメント・モリ＝ラテン語で『死を想え』の意）」の精神が根底に存在します。

死は誰にでも平等に訪れるものであるけれど、だからこそ個々それぞれの背景がある。怪異も同様だと思うのです。ひとつひとつの体験を大切に、提供者様の想いを汲み取り、それを形にしたい。そう心に留めつつ、執筆に臨みました。

タイトルの「貰い火」には、辞書によれば二つの意味があります。かつての暮らしの中、囲炉裏の火を絶やさぬようにご近所から火種を分けてもらったという意味としての「貰い火」。筆者としましては、読後に心に灯る暖かなともしびのようなこちらの「貰い火」を多くお届けしたつもりなのですが――、突如現れる「黒い水たまり」や「漆黒の影」のような、火災の飛び火、類焼を意味する「貰い火」の火の粉が、読者の皆様に降りかかりませんようにと祈りつつ、本書を結びたく思います。

またの機会に、多くの「火」を携えて、皆様とお会いできれば幸いです。

二〇二一年夏

松本エムザ

実話異聞 貰い火怪談

2021年9月6日　初版第一刷発行

著者……………………………………………………………………………松本エムザ
カバーデザイン…………………………………………………橋元浩明（sowhat.Inc）

発行人…………………………………………………………………………後藤明信
発行所………………………………………………………………株式会社　竹書房
〒102-0075　東京都千代田区三番町8-1　三番町東急ビル6F
email: info@takeshobo.co.jp
http://www.takeshobo.co.jp
印刷・製本………………………………………………………中央精版印刷株式会社